1 整数の見方 ①

月　日
正答数
問 /4問

1　1から20までの整数をAとBの2つのグループに分けます。

① 次の表に、1から小さい順にA、B、A、B…と分けて書きましょう。

A	1	3								
B	2									

② AとBの数をそれぞれ2でわってみましょう。

1÷2=0…1　　3÷2=　　15÷2=

2÷2=1　　4÷2=　　16÷2=

③ 次の（　）にあてはまる記号を書きましょう。

2でわり切れない整数を 奇数《きすう》 といいます。（　　）のグループの数は奇数です。

2でわり切れる整数を 偶数《ぐうすう》 といいます。（　　）のグループの数は偶数です。0は偶数とします。

2　次の整数を偶数と奇数に分けましょう。

0　19　36　48　　偶数（　　　　　）

53　304　407　661　　奇数（　　　　　）

算数の教科書を開くと、右ページは奇数で、左ページは偶数だよ。他の本はどうなっているかな？

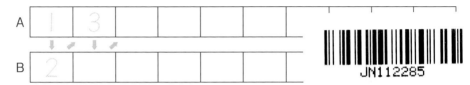

2 整数の見方 ②

月　日
正答数
問 /11問

1　次の計算の答えが偶数《ぐうすう》か奇数《きすう》かを（　）に書きましょう。

① 偶数×偶数＝（　　　）　② 偶数×奇数＝（　　　）

③ 奇数×偶数＝（　　　）　④ 奇数×奇数＝（　　　）

⑤ 偶数＋偶数＝（　　　）　⑥ 偶数＋奇数＝（　　　）

⑦ 奇数＋偶数＝（　　　）　⑧ 奇数＋奇数＝（　　　）

2　3のだん、6のだんのかけ算九九の答えを小さい順に書いて、偶数に○をつけましょう。

① 3のだんの九九の答え（3×1～3×9）。

（3，6，　，　，　，　，　，　，　）

② 6のだんの九九の答え（6×1～6×9）。

（6，　，　，　，　，　，　，　，　）

③ 九九の答えは、偶数と奇数のどちらが多いですか。

（　　　　）

2の③がわからないときは、7のだん、4のだんの答えも調べてみよう。どんな規則があるかな？

3 倍数と約数 ①

月　日
正答数
問 /17問

[1] 次の2つの数の公倍数を小さい方から順に3つ書きましょう。

① 3と4（　，　，　）　② 4と8（　，　，　）

③ 4と10（　，　，　）

[2] 次の2つの数の最小公倍数を書きましょう。

① 4と5（　）　② 7と4（　）

③ 5と10（　）　④ 12と4（　）

⑤ 6と9（　）　⑥ 15と10（　）

[3] 次の数の約数を○をつけましょう。

①	6	1	2	3	4	5	6							
②	7	1	2	3	4	5	6	7						
③	8	1	2	3	4	5	6	7	8					
④	9	1	2	3	4	5	6	7	8	9				
⑤	10	1	2	3	4	5	6	7	8	9	10			
⑥	11	1	2	3	4	5	6	7	8	9	10	11		
⑦	12	1	2	3	4	5	6	7	8	9	10	11	12	
⑧	13	1	2	3	4	5	6	7	8	9	10	11	12	13

共通する倍数の中で、一番小さいものを最小公倍数というよ。

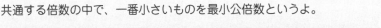

4 倍数と約数 ②

月　日

正答数　問 /13問

1 12の約数と18の約数に○をつけましょう。

① 12の約数　1 2 3 4 5 6 7 8 9 10 11 12

② 18の約数　1 2 3 4 5 6 7 8 9 10 11 12 13 14 15 16 17 18

③ 12と18の公約数をすべて書きましょう。

（　　，　　，　　，　　）

2 次の２つの数の公約数をすべて書きましょう。

① 5と4（　　　　）　② 8と16（　　　　）

③ 16と12（　　　　）　④ 15と20（　　　　）

3 次の２つの数の最大公約数を書きましょう。

① 12と4（　　　　）　② 5と15（　　　　）

③ 6と18（　　　　）　④ 14と21（　　　　）

⑤ 15と20（　　　　）　⑥ 9と21（　　　　）

3の④～⑥は、ちょっとむずかしいね。14と21、15と20、９と21それぞれ何のだんの九九に出てきたかな？

月　日
正答数
問 /12問

5 最小公倍数と通分

1 次の2つの数の最小公倍数を求めましょう。

① 2と3（　　　　）　② 2と5（　　　　）

③ 3と9（　　　　）　④ 4と8（　　　　）

⑤ 4と6（　　　　）　⑥ 14と21（　　　　）

2 次の2つの分数を通分しましょう。

① $\frac{1}{2}$, $\frac{1}{3}$ → 　,　　② $\frac{1}{2}$, $\frac{2}{5}$ → 　,

③ $\frac{1}{3}$, $\frac{1}{9}$ → 　,　　④ $\frac{1}{4}$, $\frac{3}{8}$ → 　,

⑤ $\frac{1}{4}$, $\frac{1}{6}$ → 　,　　⑥ $\frac{1}{14}$, $\frac{2}{21}$ → 　,

元の分数の大きさを変えないで、分母を同じ数にそろえることを通分というよ。通分するときは分母の最小公倍数を見つければいいんだね。

6 等しい分数①

月　日
正答数　問 /13問

1 大きさが等しい分数になるように、分母や分子を書きましょう。

① $\frac{12}{24}=\frac{}{12}=\frac{}{8}=\frac{}{6}=\frac{}{2}$

② $\frac{12}{18}=\frac{6}{}=\frac{4}{}=\frac{2}{}$

③ $\frac{18}{24}=\frac{}{12}=\frac{6}{}=\frac{}{4}$

2 次の分数を約分しましょう。

① $\frac{4}{10}=$　② $\frac{6}{15}=$　③ $\frac{10}{25}=$

④ $\frac{21}{28}=$　⑤ $\frac{15}{25}=$　⑥ $\frac{6}{21}=$

⑦ $\frac{12}{30}=$　⑧ $\frac{16}{40}=$

⑨ $\frac{18}{45}=$　⑩ $\frac{32}{36}=$

$\frac{16}{40}$は何でわればいいかな？　２や４のような小さい数でわってみよう。

7

等しい分数 ②

月　日

正答数

問 /14問

次の2つの分数を通分しましょう。

① $\frac{1}{2}$, $\frac{3}{7}$ → ＿＿, ＿＿

② $\frac{5}{6}$, $\frac{4}{5}$ → ＿＿, ＿＿

③ $\frac{4}{5}$, $\frac{7}{9}$ → ＿＿, ＿＿

④ $\frac{2}{7}$, $\frac{1}{4}$ → ＿＿, ＿＿

⑤ $\frac{1}{2}$, $\frac{5}{6}$ → ＿＿, ＿＿

⑥ $\frac{4}{5}$, $\frac{17}{20}$ → ＿＿, ＿＿

⑦ $\frac{5}{6}$, $\frac{37}{42}$ → ＿＿, ＿＿

⑧ $\frac{2}{3}$, $\frac{13}{18}$ → ＿＿, ＿＿

⑨ $\frac{5}{6}$, $\frac{1}{8}$ → ＿＿, ＿＿

⑩ $\frac{3}{10}$, $\frac{4}{15}$ → ＿＿, ＿＿

⑪ $\frac{7}{12}$, $\frac{1}{8}$ → ＿＿, ＿＿

⑫ $\frac{2}{15}$, $\frac{1}{6}$ → ＿＿, ＿＿

⑬ $\frac{3}{10}$, $\frac{1}{4}$ → ＿＿, ＿＿

⑭ $\frac{9}{14}$, $\frac{1}{4}$ → ＿＿, ＿＿

①〜④は、それぞれの分母をかけた数が最小公倍数だね。
⑤〜⑧は、小さい方の数を何倍かすると大きい方の数になるよ。

8 分数のたし算①

月　日

正答数　問 /10問

次の計算をしましょう。

① $\frac{2}{3}+\frac{1}{5}=$

② $\frac{1}{4}+\frac{1}{3}=$

③ $\frac{3}{5}+\frac{1}{4}=$

④ $\frac{1}{2}+\frac{1}{4}=$

⑤ $\frac{1}{8}+\frac{3}{4}=$

⑥ $\frac{2}{3}+\frac{1}{6}=$

⑦ $\frac{1}{6}+\frac{3}{8}=$

⑧ $\frac{4}{9}+\frac{1}{6}=$

⑨ $\frac{4}{10}+\frac{1}{4}=$

⑩ $\frac{3}{4}+\frac{1}{6}=$

⑦～⑩は右のようにしてみよう。2は、6と8の公約数。
最小公倍数は2×3×4＝24

2) 6　8
　　3　4

9 分数のたし算 ②

月　　日

正答数　　問／8問

次の計算をしましょう。約分できるものは約分しましょう。

① $\frac{3}{8}+\frac{5}{12}=$

② $\frac{5}{12}+\frac{2}{9}=$

③ $\frac{13}{30}+\frac{3}{20}=$

④ $\frac{1}{10}+\frac{11}{15}=$

⑤ $\frac{9}{20}+\frac{7}{15}=$

⑥ $\frac{4}{21}+\frac{1}{6}=$

⑦ $2\frac{7}{10}+1\frac{1}{6}=$

⑧ $1\frac{4}{15}+1\frac{7}{12}=$

帯分数の計算では、整数部分の見落としや、書きわすれに注意しよう。

10

分数のひき算 ①

月　日

正答数

問 /10問

次の計算をしましょう。

① $\frac{2}{3}-\frac{1}{2}=$

② $\frac{1}{3}-\frac{1}{4}=$

③ $\frac{3}{5}-\frac{1}{4}=$

④ $\frac{1}{2}-\frac{1}{8}=$

⑤ $\frac{8}{9}-\frac{2}{3}=$

⑥ $\frac{5}{8}-\frac{1}{4}=$

⑦ $\frac{3}{4}-\frac{3}{10}=$

⑧ $\frac{4}{9}-\frac{1}{6}=$

⑨ $\frac{7}{6}-\frac{8}{15}=$

⑩ $\frac{7}{10}-\frac{1}{4}=$

⑦～⑩はノートに問題をうつして練習しよう。分子の数をかえてもできるね。

11 分数のひき算②

月　日

正答数　問／8問

次の計算をしましょう。約分できるものは約分しましょう。

① $\frac{13}{15}-\frac{1}{6}=$

② $\frac{5}{12}-\frac{4}{15}=$

③ $\frac{9}{14}-\frac{1}{6}=$

④ $\frac{17}{21}-\frac{1}{6}=$

⑤ $\frac{5}{6}-\frac{8}{15}=$

⑥ $\frac{14}{15}-\frac{1}{10}=$

⑦ $2\frac{1}{4}-1\frac{1}{5}=$

⑧ $2\frac{1}{3}-1\frac{5}{12}=$

⑧のように、ひけないときは帯分数を仮分数に直して計算するよ。分子が大きくなるから、計算はしんちょうに。

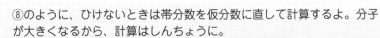

12 小数のかけ算 ①

月　日
正答数　問 /10問

1　板に1 m^2あたり2.4dLのペンキをぬります。4.7 m^2の板をぬるには、何dLのペンキがいりますか。

式

答え ＿＿＿＿＿＿

2　次の計算をしましょう。

① $\begin{array}{r} 6.9 \\ \times\ 4.7 \\ \hline \end{array}$　② $\begin{array}{r} 7.4 \\ \times\ 2.8 \\ \hline \end{array}$　③ $\begin{array}{r} 8.7 \\ \times\ 9.2 \\ \hline \end{array}$　④ $\begin{array}{r} 9.3 \\ \times\ 9.4 \\ \hline \end{array}$

⑤ $\begin{array}{r} 0.16 \\ \times\ 7.8 \\ \hline \end{array}$　⑥ $\begin{array}{r} 0.37 \\ \times\ 9.3 \\ \hline \end{array}$　⑦ $\begin{array}{r} 0.78 \\ \times\ 8.4 \\ \hline \end{array}$　⑧ $\begin{array}{r} 6.7 \\ \times\ 0.96 \\ \hline \end{array}$

3　積が3より小さくなるものはどれですか。(　　)に記号をかきましょう。

㋐　3×1.2　　㋑　3×0.8　　(　　　)

小数点をつけるときは、もとの式を見て、小数点以下がいくつか数えるよ。2の⑤は小数点より右にある数字が3つだね。

13

小数のかけ算 ②

月　日

正答数

問 /12問

次の計算をしましょう。

① 1.89 × 6.7

② 2.67 × 9.8

③ 5.79 × 9.7

④ 2.79 × 9.4

⑤ 1.78 × 8.9

⑥ 3.69 × 9.6

⑦ 17.9 × 0.87

⑧ 38.9 × 0.96

⑨ 15.8 × 0.79

⑩ 3.67 × 0.63

⑪ 5.79 × 0.79

⑫ 7.75 × 0.78

正しい位置に小数点をつけられたかな？　⑩～⑫は、小数点より右にある数が４つだよ。

14 小数のわり算①

月　日
正答数　問／8問

1　0.8mのねだんが200円のリボンがあります。
　このリボン1mのねだんは何円ですか。

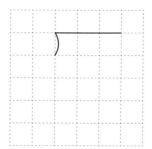

式

答え ＿＿＿＿＿＿

2　商が6より大きくなる式はどれですか。（　）に記号をかきましょう。

㋐　6÷0.3　　㋑　6÷1.5

㋒　6÷4.2　　㋓　6÷0.9

（　　，　　）

3　次の計算をしましょう。

①　0.4)0.36　　②　0.8)0.24　　③　0.2)0.18

④　0.9)0.45　　⑤　0.7)0.56　　⑥　0.5)0.25

わる数の小数を整数に直して、わられる数の小数の小数点を同じだけ動かすよ。　0.4)0.36

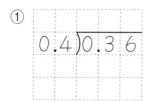

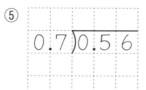

15

小数のわり算 ②

月　日

正答数

問／9問

次の計算をしましょう。⑦～⑨は商を$\frac{1}{10}$の位まで求め、あまりを出します。

① 1.3) 10.4

② 2.6) 2.08

③ 2.5) 17.5

④ 3.6) 5.04

⑤ 1.6) 9.44

⑥ 2.3) 5.75

⑦ 5.8) 9.46

⑧ 3.5) 8.22

⑨ 2.8) 9.61

あまりの小数点はどこにかけばいいのかな？　あまりの数の小数点はわられる数の小数点の位置と同じだよ。

16

小数のわり算 ③

月　日

正答数　問 / 8問

わり切れるまでわり進めて計算しましょう。

① 6.5) 7.8

② 3.4) 8.5

③ 2.8) 9.8

④ 2.5) 8

⑤ 2.5) 4

⑥ 2.4) 6

⑦ 2.4) 4.2

⑧ 3.2) 7.2

わり切れるまで、わられる数に0をつけて計算するんだね。100÷7、100÷13もしてみよう。答えの数がふしぎなならび方をするよ。

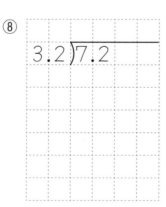

小数のわり算 ④

月　日

正答数　問／4問

◁ 次の計算をしたあとに、四《し》捨《しゃ》五《ご》入《にゅう》して$\frac{1}{10}$の位までの数で答えましょう。

① 3.7)62.3

② 2.8)70.6

③ 4.3)92.3

④ 1.5)72.4

1の位を四捨五入すると10の位の数が残るね。$\frac{1}{10}$の位の数で答えるには、どの位を四捨五入すればいいのかな？

18 三角形・四角形の合同 ①

月　日

正答数　問／3問

[1]　平行四辺形を１本の対角線を引いて、２つの合同な三角形に分けます。

① 三角形ABCと合同な三角形はどれですか。

（三角形　　　　）

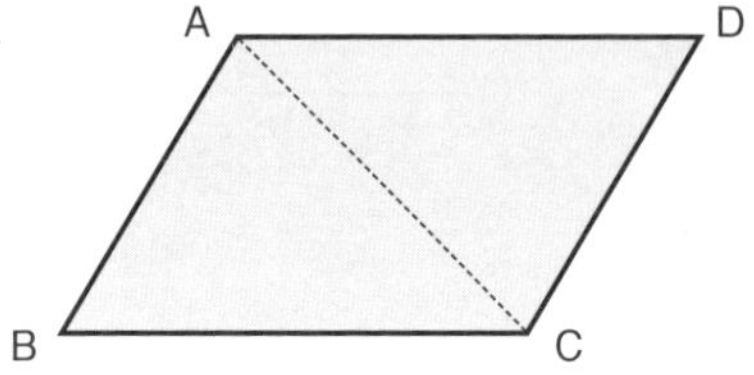

② 三角形ABDと合同な三角形はどれですか。

（三角形　　　　）

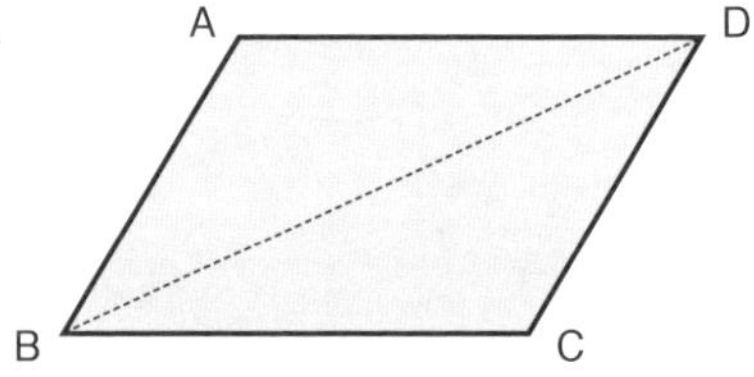

[2]　下の図に合同な三角形をかきくわえて、平行四辺形にしましょう。

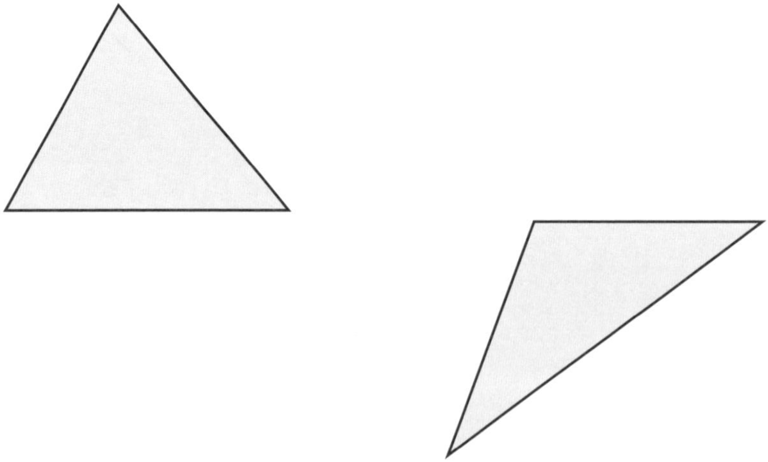

[2]はどこを底辺にしようかな？　合同な三角形は、３通りできるよ。

19

三角形・四角形の合同 ②

月　日

正答数　問／3問

次の三角形をかきましょう。

① 3辺が3cm、4cm、5cmの三角形。

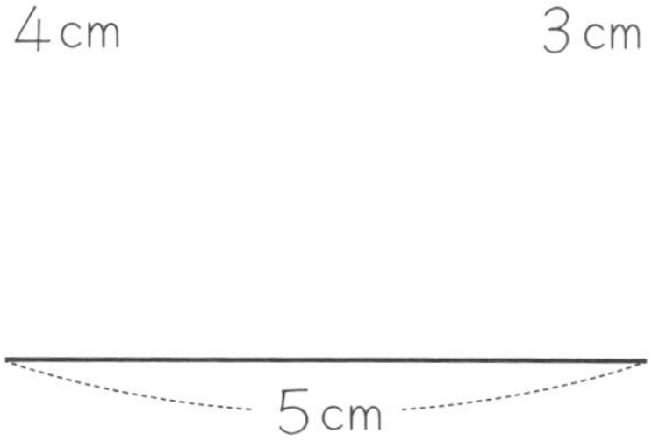

② 2辺が5cm、4cmでその間の角が60°の三角形。

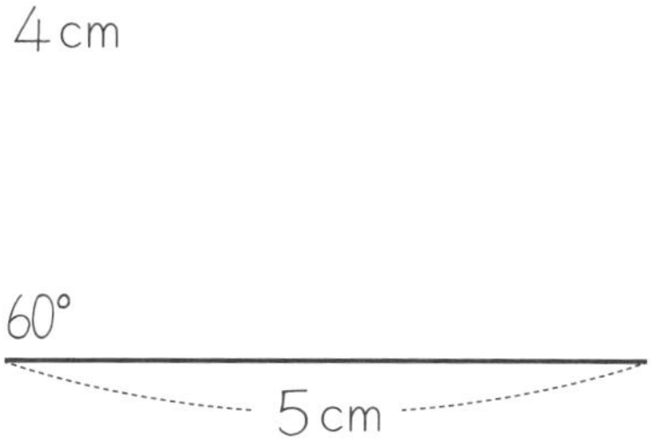

③ 1辺が5cmで、両はしの角が60°と50°の三角形。

コンパスと分度器を使って三角形をかくよ。①の三角形は「直角三角形」だね。3cmと4cmの辺がはさむ角が直角だよ。

20 多角形の角 ①

月　日

正答数

問／4問

次の三角形の色のついた角度を求めましょう。

①

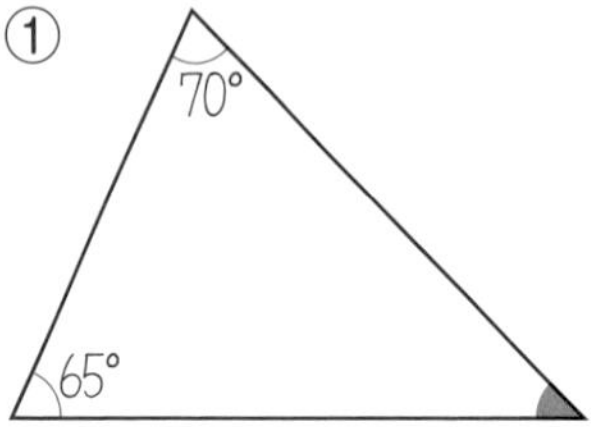

式

答え

②

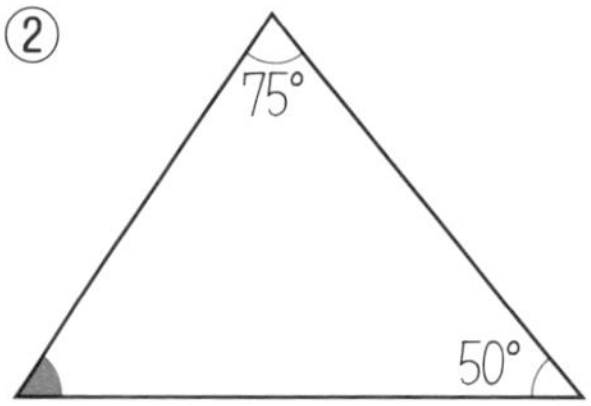

式

答え

③

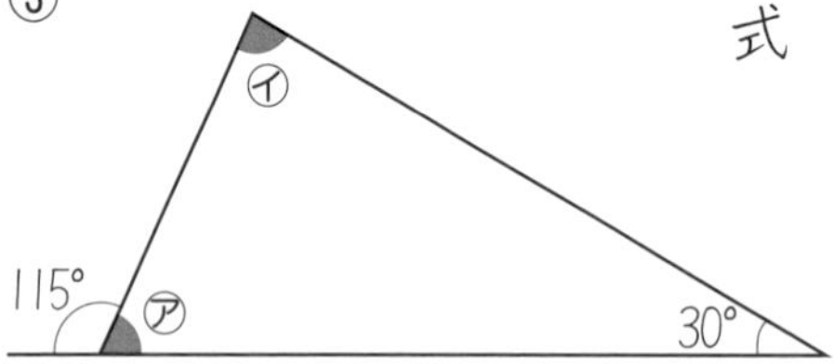

式

答え ㋐　　，㋑

③は㋐から求めるよ。外側の角が115°ということは、115°＋㋐＝180°ということだから…。

多角形の角 ②

月　日

正答数

問 / 3問

1　五角形の5つの角の大きさの和を、図を見て求めましょう。

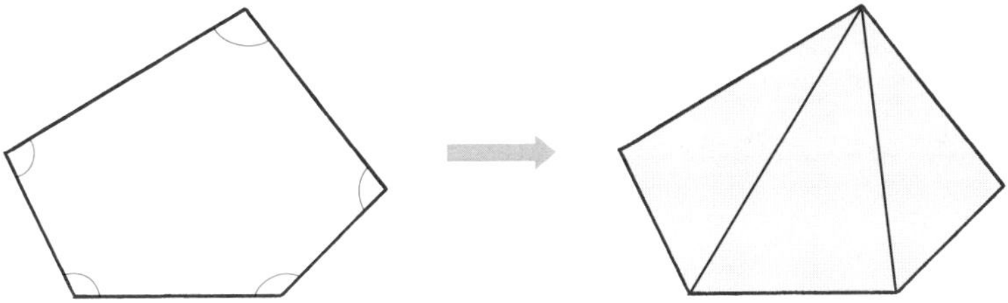

3つの三角形に分けられます。

式

答え

2　六角形の6つの角の大きさの和、七角形の7つの角の大きさの和を求めましょう。

① 六角形

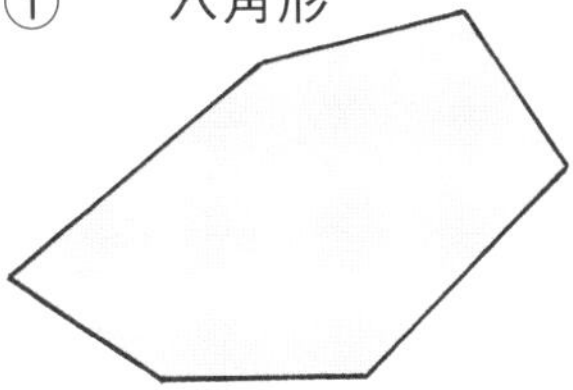

式

答え

② 七角形

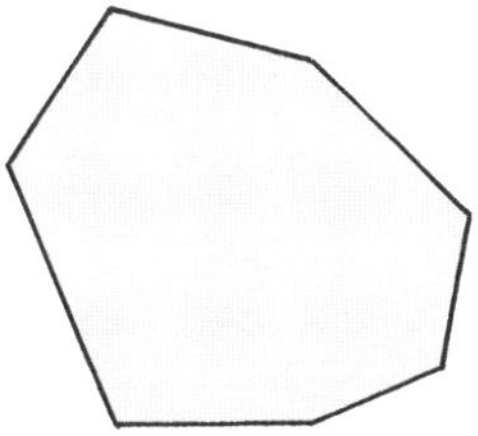

式

答え

三角形に分ける線は何通りもひけるけど、同じ多角形なら、できる三角形の個数は同じだよ。

22 正多角形をかく ①

月　日
正答数
問／2問

円の内側にぴったり入る正多角形をかきましょう。

① 正方形

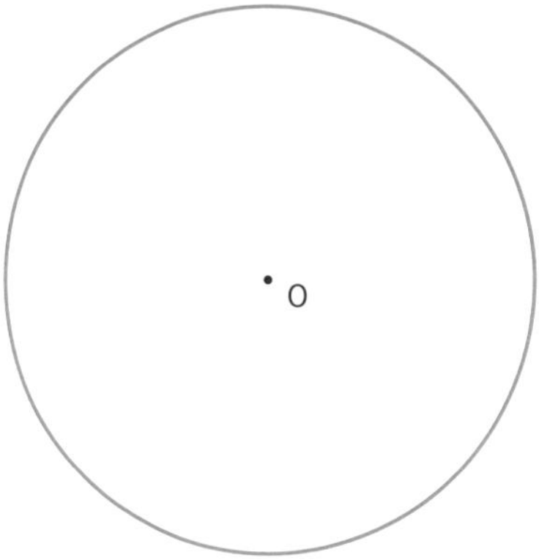

② 正六角形

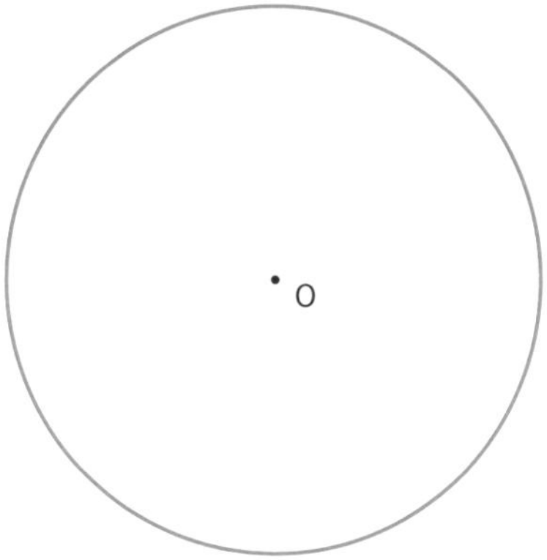

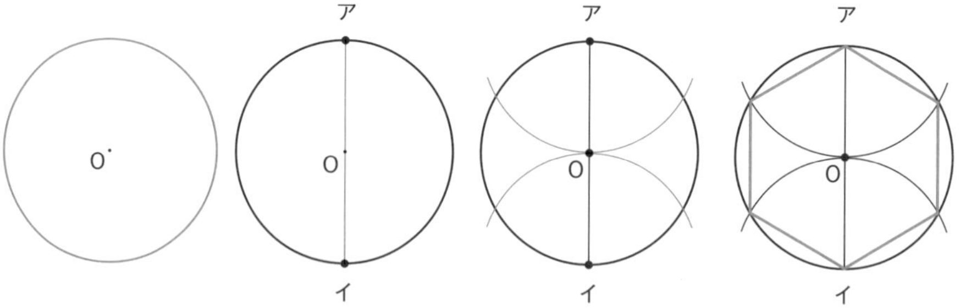

1．円をかく

2．Oを通る直径をひく

3．同じ半径で、ア、イから円をかく

4．円周との交点を結ぶ

正六角形をかくには、半径の長さで、円周を6回切る（分ける）方法もあるよ。上の方法とどちらが正確にかけるかな？

正多角形をかく ②

月　日
正答数
問／3問

次の正多角形の中心の角を計算で求めましょう。

①

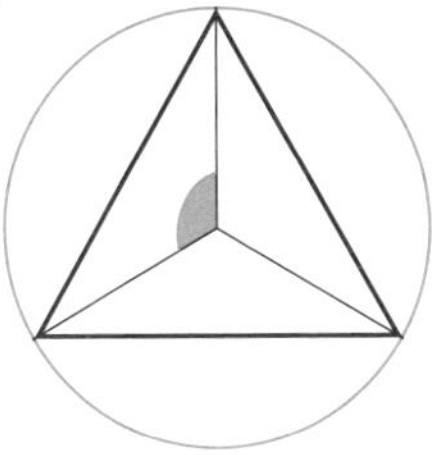

式

答え

②

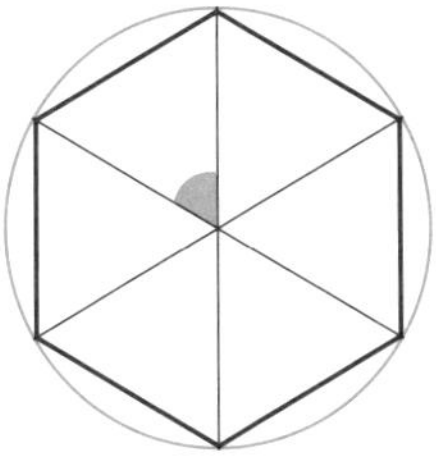

式

答え

③

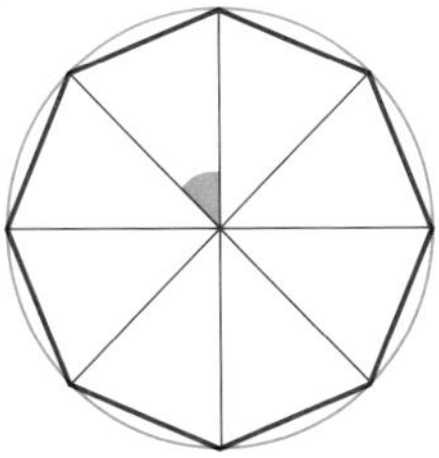

式

答え

正多角形の中心の角は、辺の数が増えると小さくなるみたい。他の正多角形の中心の角も求めて確かめよう。正五角形は360°÷5＝72°

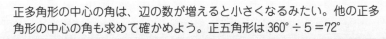

24

円周の長さ ①

月　日
正答数
問／3問

次の円周の長さを求めましょう。(円周率《えんしゅうりつ》3.14)

①

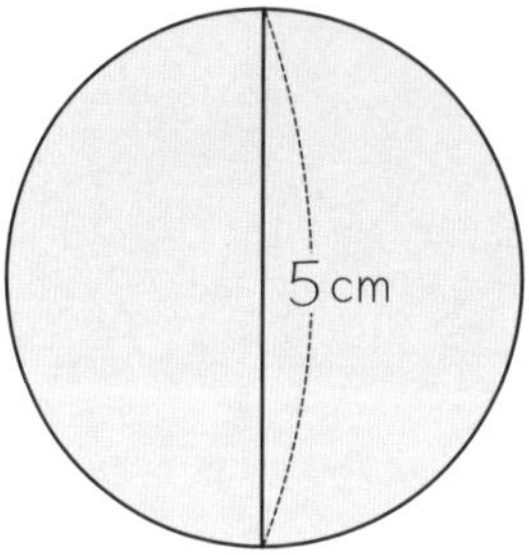

式

答え

②

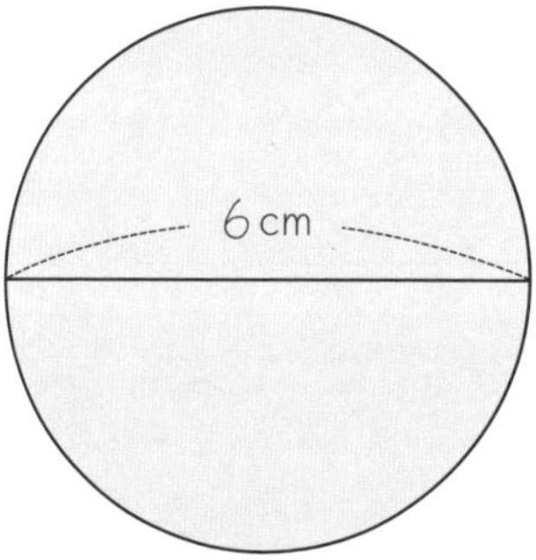

式

答え

③

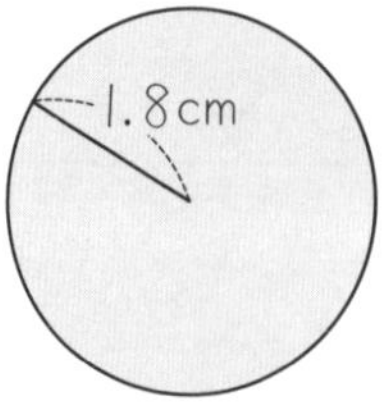

式

答え

円周率は、円周を直径でわった数だよ。
円周のおよその長さを知りたいときは、直径×3とすることもあるよ。

円周の長さ ②

月　　日

正答数

問／4問

円の直径は6cmです。太い線の長さを求めましょう。

①

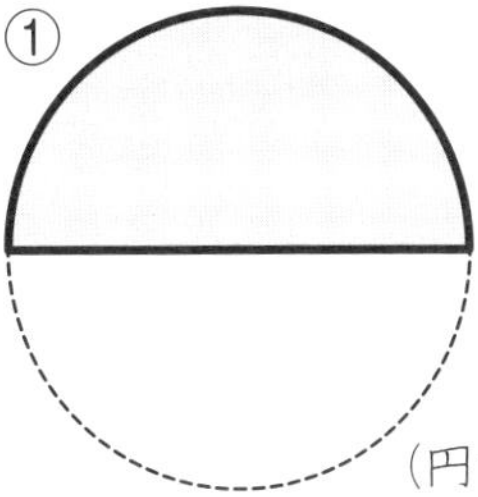

（円を2等分）

式

答え

②

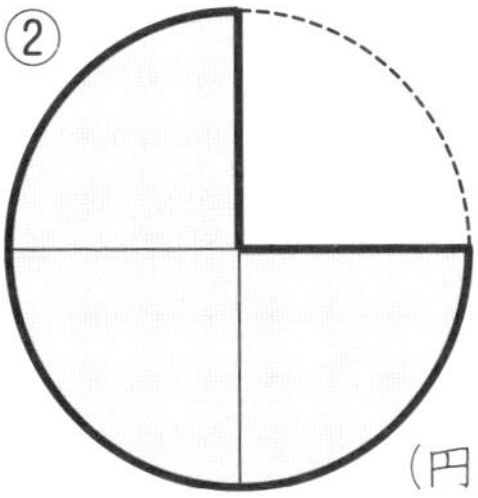

（円を4等分）

式

答え

③

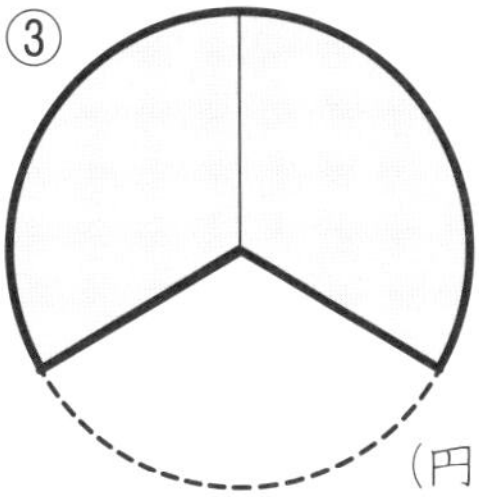

（円を3等分）

式

答え

④

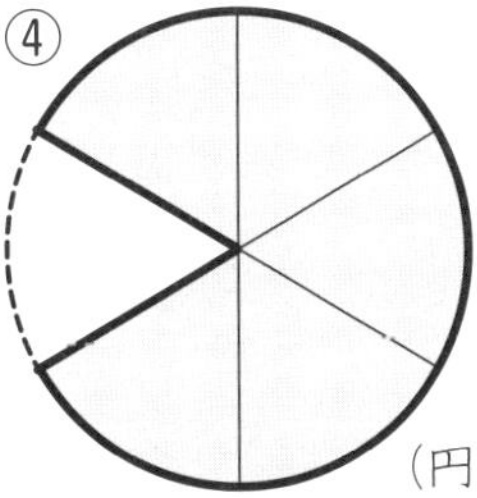

（円を6等分）

式

答え

円周と直線部分に分けて考えよう。おうぎ形の直線部分は、円の何と同じ長さかな？

26

図形の面積 ①

月　日

正答数　問／4問

◁ 次の三角形の面積を求めましょう。

①

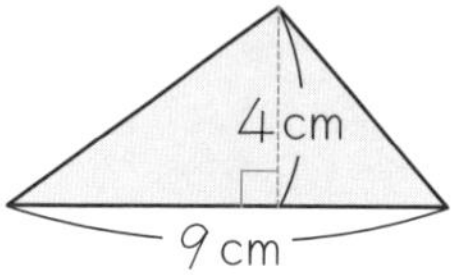

式

答え

②

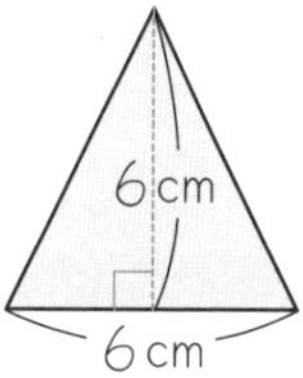

式

答え

③

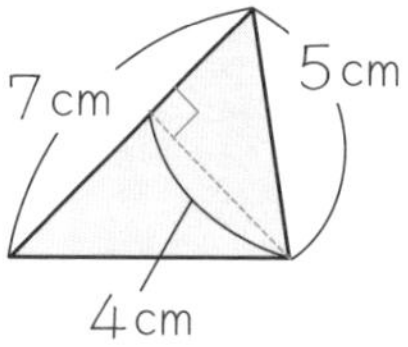

式

答え

④

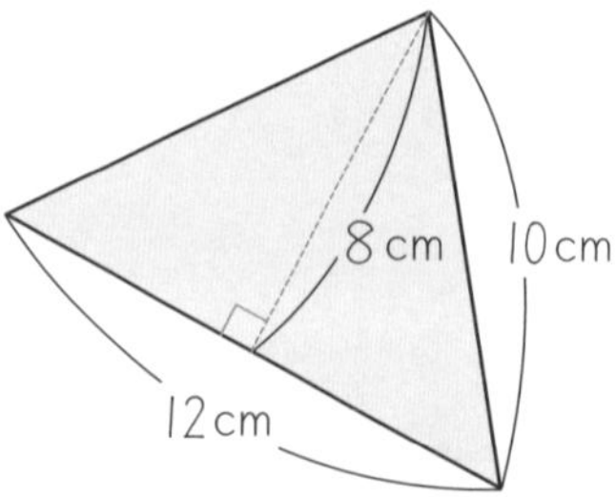

式

答え

三角形の面積を求めるときは、「底辺×高さ÷2」で式をつくろう。
③、④の底辺はどこかな？　高さは底辺と垂直《すいちょく》だよ。

27

図形の面積 ②

月　日
正答数　問／3問

次の三角形の面積を求めましょう。
（どれが底辺になるか、確《たし》かめましょう。）

①

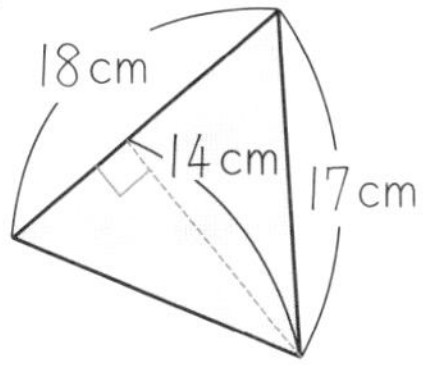

式

答え

②

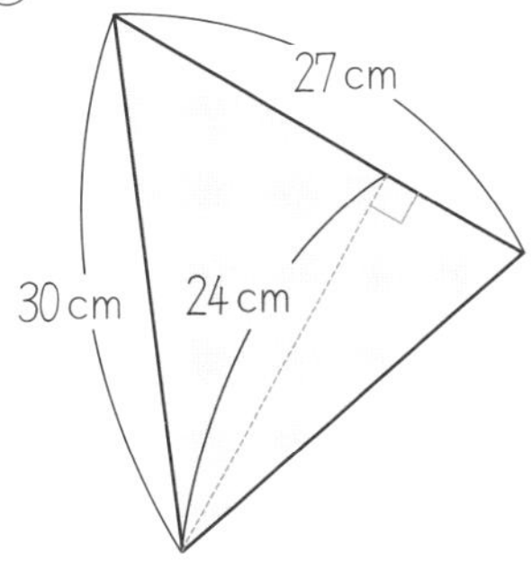

式

答え

③

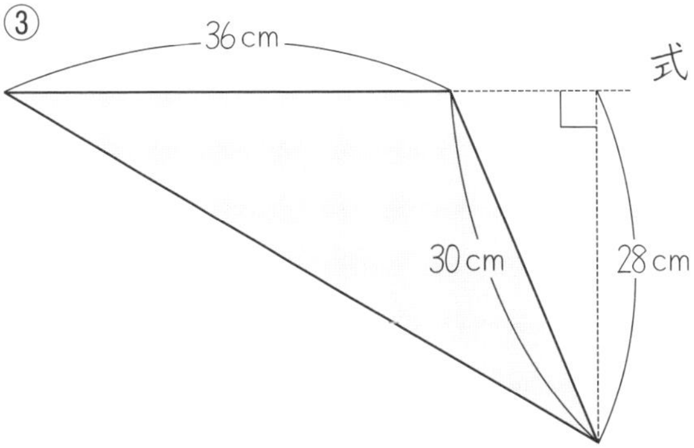

式

答え

①は、18×14÷２→18×７または９×14のように、かけ算の前に、底辺か高さを２でわっておくと、計算が楽になるよ。

28 図形の面積 ③

月　　日

正答数　　問／4問

次の平行四辺形の面積を求めましょう。

①

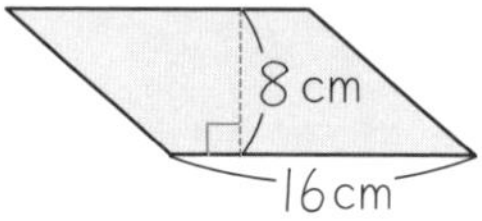

式

答え

②

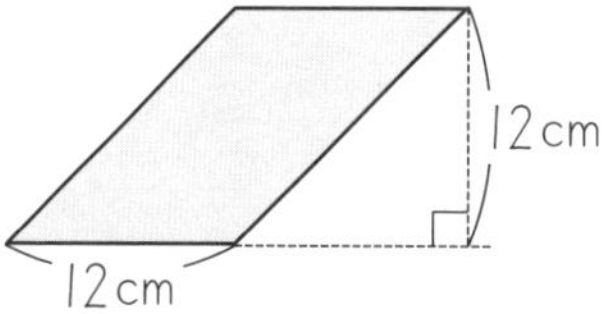

式

答え

③

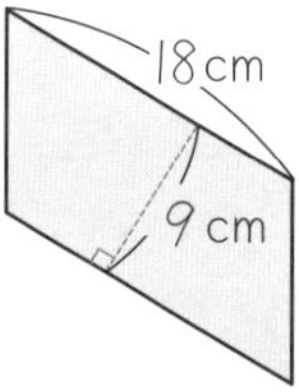

式

答え

④

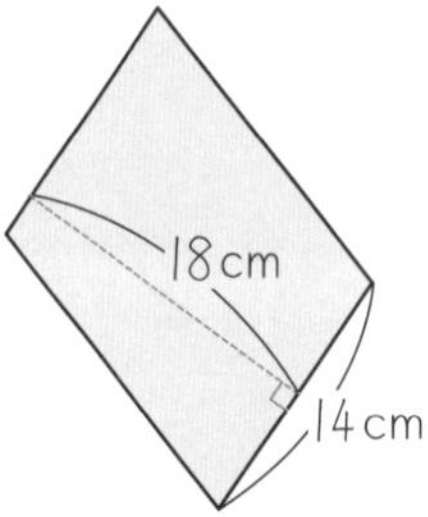

式

答え

2けた×2けたのかけ算は大変だね。でもちょっとしたくふうで楽にできるよ。14×18＝2×7×2×9＝63×4

29 図形の面積 ④

月　日
正答数
問／3問

1 次の台形の面積を求めましょう。

①

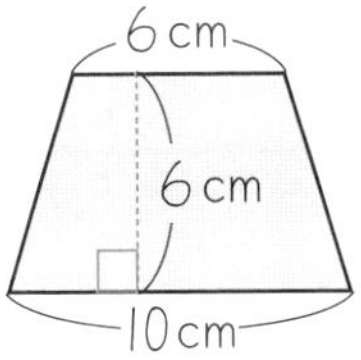

式

答え ＿＿＿＿＿＿

②

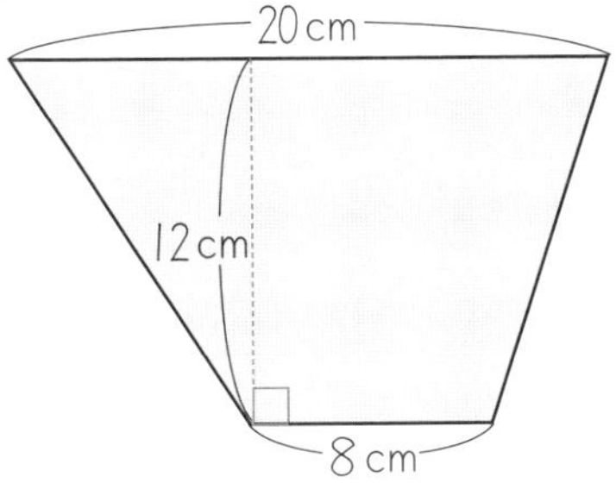

式

答え ＿＿＿＿＿＿

2 次のひし形の面積を求めましょう。

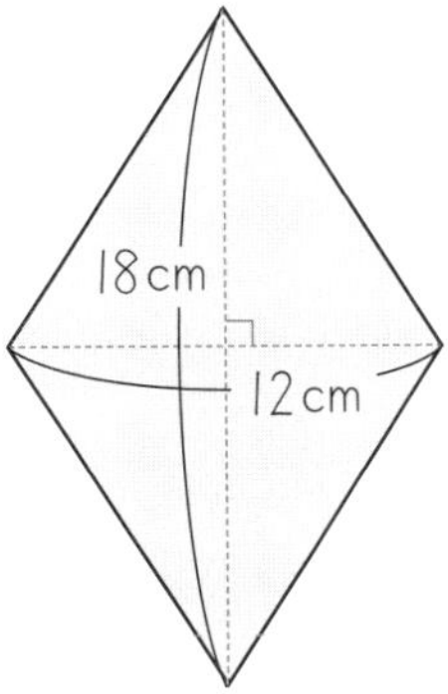

式

答え ＿＿＿＿＿＿

台形の面積を求めるには２通りの方法があるよ。
1、対角線で２つの三角形にする。２、２つ合わせて平行四辺形にする。

30

角柱と円柱 ①

月　日

正答数

問 /9問

次の図について答えましょう。

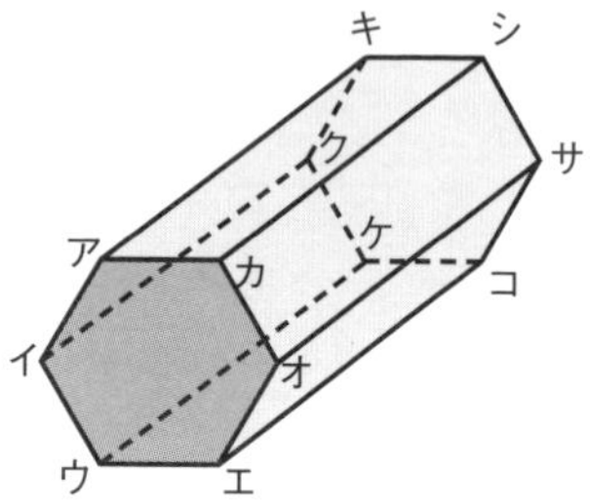

① この角柱の底面の正多角形の名前は、何といいますか。

② この角柱の名前は、何といいますか。

③ 面**アイウエオカ**に平行な面はどれですか。

④ 底面に垂直《すいちょく》な面は、何個《こ》ありますか。

⑤ １つの側面の形は、何といいますか。

⑥ 平行な面は、何組ありますか。

⑦ 底面に垂直な辺は、何本ありますか。

⑧ 辺**アキ**に平行な辺は、何本ありますか。

⑨ 辺**アカ**に平行な辺は、何本ありますか。

底面が六角形になっているから、えんぴつは六角柱だね。上の①～⑨を、図とえんぴつを見比べて確かめてみよう。

31 角柱と円柱 ②

月　日

正答数　問 / 7問

1 次の立体の名前を書きましょう。

①

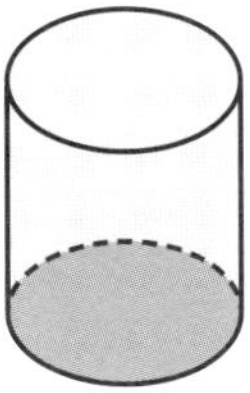

（　　　　）

②

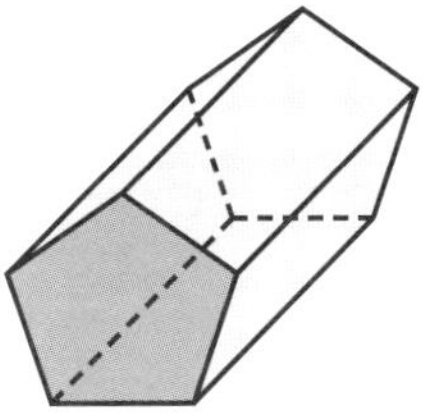

（　　　　）

③

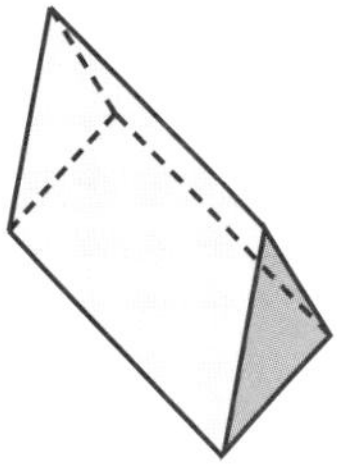

（　　　　）

2 次の展開図《てんかいず》を見て、立体の名前を書きましょう。

①

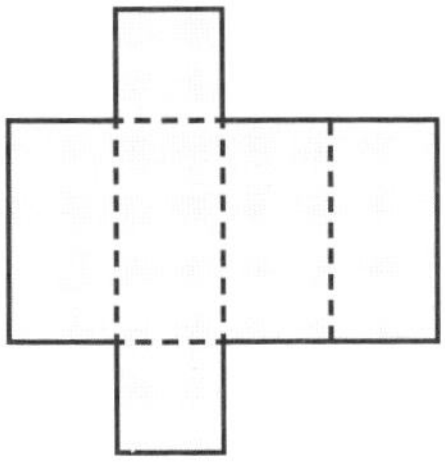

（　　　　）

②

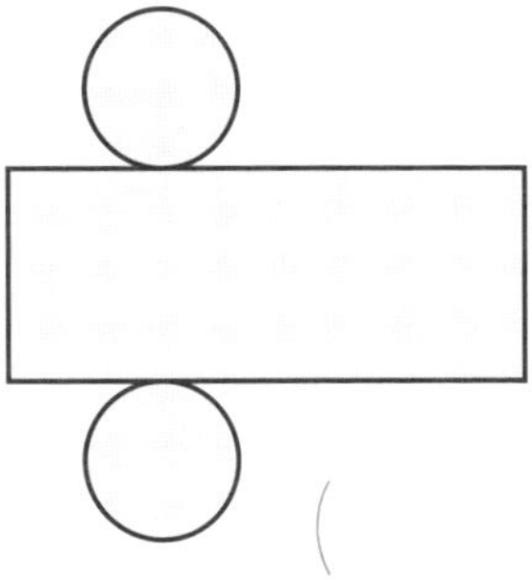

（　　　　）

③

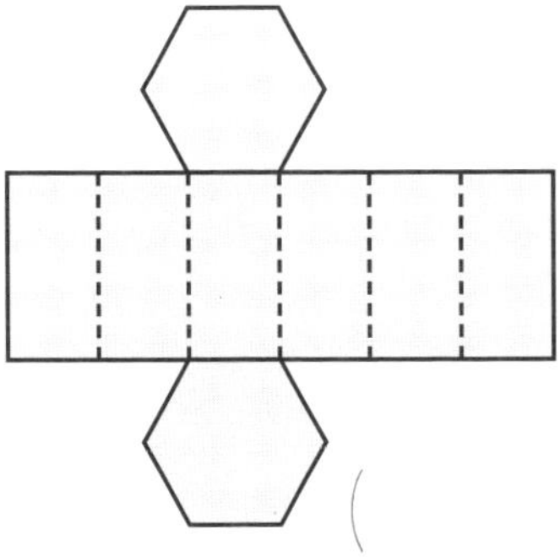

（　　　　）

④

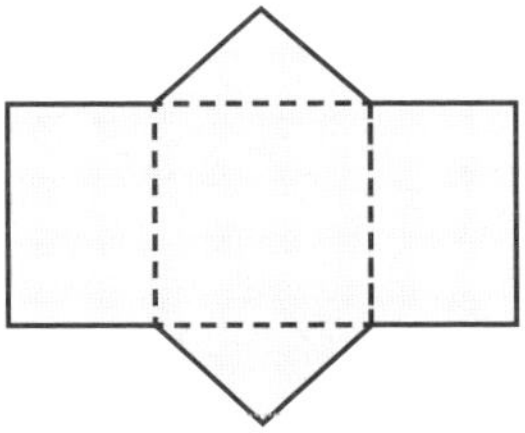

（　　　　）

立体の名前を考えるときは、底面の形に注目しよう。それぞれの展開図にはどんな多角形がふくまれているかな？

32 体積 ①

月　日
正答数
問/3問

1 次の立体の体積を求めましょう。

①

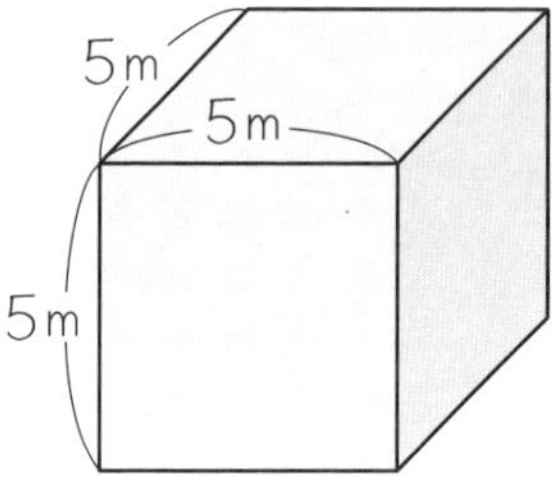

式

答え

②

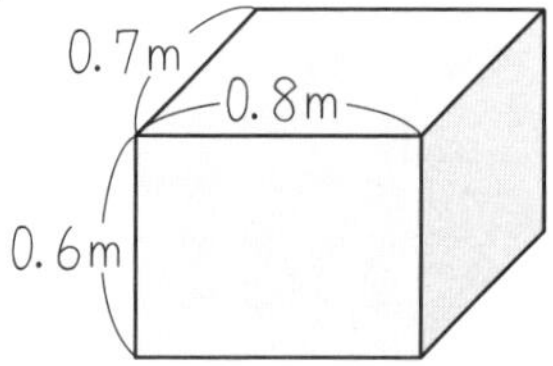

式

答え

2 図のような容器《ようき》に、水を満たすと何cm^3入りますか。また、それは何Lですか。

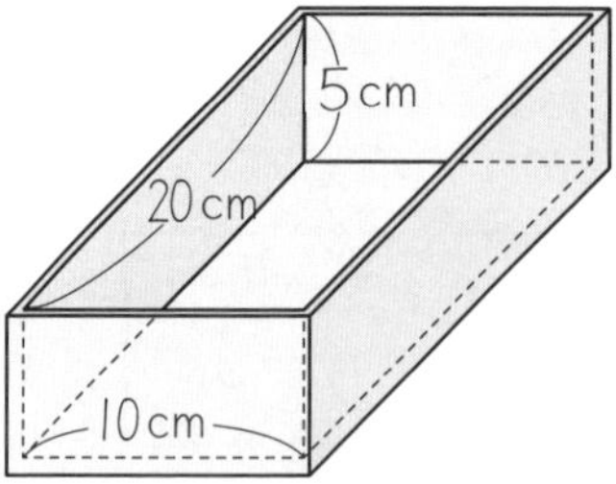

式

答え

1cm^3は1mLだよ。1Lというと、1辺10cmのマスをイメージするけど、**2**の容器も1Lなんだね。

33

体積 ②

月　日

正答数

問／4問

◁ 次の図は直方体を組み合わせた立体です。体積を求めましょう。（数字の単位はcmです。）

①

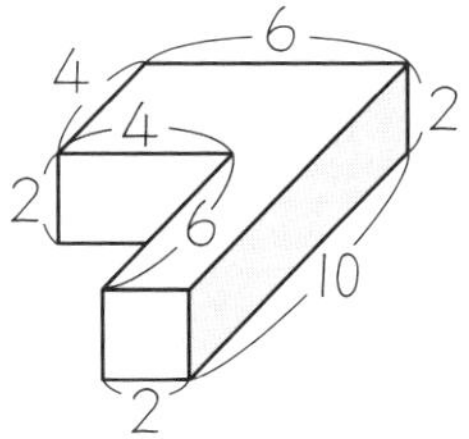

式

答え

②

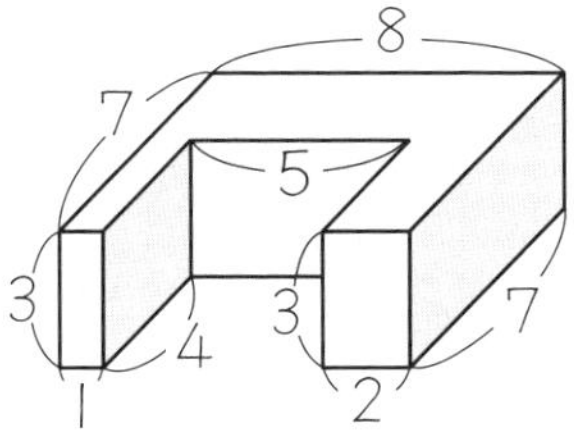

式

答え

③

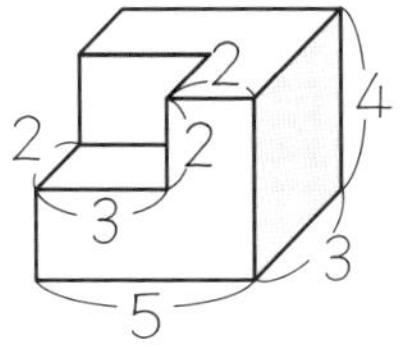

式

答え

④

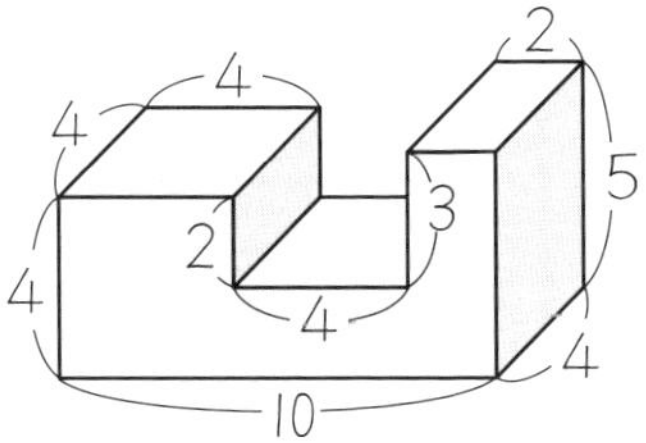

式

答え

①～③は、直方体の一部が欠けてるみたいだね。④は３つの直方体に分けられそう。

平均 ①

月　日
正答数
問／2問

1　サラダオイルのびんが6本あります。180g入っているのが2本、120g入っているのが2本で、残りの2本は空（0g）です。どのびんも同じになるように分けなおすと、何gずつになりますか。

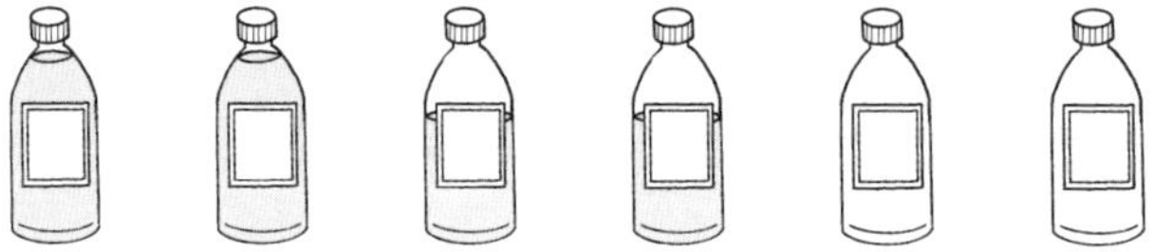

180g　180g　120g　120g　0g　0g

6本に分けます

式

答え

2　兄は月曜日から土曜日までの6日間ジョギングをしています。次の表は先週6日間の記録です。1日平均《へいきん》何km走ったことになりますか。

	月	火	水	木	金	土
ジョギング（km）	3.2	3.4	2.6	2.6	0	3.8

式

答え

合計を何本とか何日でわったあたいが平均だね。1、2の図のように、0のときも1本分とか1日分とカウントするよ。

35 平均 ②

月　日

正答数

問／3問

1　松原さんは走りはばとびを４回とびました。結果は、2.6mが２回、2.9mと3.1mが１回ずつでした。平均《へいきん》すると何mですか。

式

答え

2　岸本さんは算数テストを４回受け、平均が86点でした。５回目に96点をとると、平均点は何点になりますか。

	1・2・3・4				5
点	86	86	86	86	96

式

答え

3　わたしとお姉さんの体重の平均は34kgです。お父さんと３人の平均は43.5kgです。お父さんの体重は何kgですか。

式

答え

3わたしとお姉さんの体重の平均が34kgということは、２人の体重の合計は34×２＝68kgだね。

単位あたりの量 ①

月　日

正答数

問／3問

1　42Lのガソリンで462km走る車があります。
1Lあたりの走るきょりは何kmですか。

式

答え

2　5両の電車に430人が乗っていました。
1両あたりの人数は何人ですか。

式

答え

3　3さつで1650円の本があります。
この本1さつのねだんは何円ですか。

式

答え

1あたりの量を求めるときは、かけ算、わり算どちらを使えばいいのかな？

37

単位あたりの量 ②

月　日

正答数

問／3問

1　松野さんは、4.5aの畑に肥《ひ》料《りょう》を7.2kgまきました。
1aあたり何kgの肥料をまいたことになりますか。

式

答え

2　A市の人口は約460000人で、面積は約50km^2です。
A市の1km^2あたりの人口は、約何人ですか。

式

答え

3　面積が65m^2の畑から、442kgのイモがとれました。
1m^2あたりのとれ高は何kgですか。

式

答え

1aあたり何kg、1km^2あたり何人、1m^2あたり何kgを求めよう。1あたりの量は比べるときに便利だよ。

38 単位あたりの量 ③

月　日
正答数
問 /3問

1 ガソリン1Lあたり13km走る車があります。
30Lのガソリンを使うと、何km走れますか。

式

答え ＿＿＿＿＿＿

2 学習帳1さつの重さは120gです。
この学習帳150さつの重さは何gですか。

式

答え ＿＿＿＿＿＿

3 往復《おうふく》はがき1まいの重さは6.9gです。
この往復はがき60まいの重さは何gですか。

式

答え ＿＿＿＿＿＿

1あたりの量がわかっているときは、かけ算を使うよ。

単位あたりの量 ④

月　日

正答数

問 / 3問

1　1 m^2あたり25本の花のなえを植えます。
900本のなえでは、何m^2に植えることができますか。

式

答え ＿＿＿＿＿＿

2　バラ園1aあたりに9kgの肥料《ひりょう》をまきます。バラ園全体では40.5kgの肥料が必要です。バラ園の広さは何aですか。

式

答え ＿＿＿＿＿＿

3　1分間に80まい印刷できるコピー機があります。
2000まい印刷するのに何分かかりますか。

式

答え ＿＿＿＿＿＿

1 m^2あたり25本ということは、100本で何m^2植えられるかな？
全体の数を、1あたりの量でわるよ。

40

速さ ①

月　日

正答数

問／4問

① 15秒間に105m進むときの秒速を求めましょう。

式

答え ＿＿＿＿＿＿＿＿

② 6分間に24km進むときの分速を求めましょう。

式

答え ＿＿＿＿＿＿＿＿

③ 8時間で36km進むときの時速を求めましょう。

式

答え ＿＿＿＿＿＿＿＿

④ 14時間に448km進むときの時速を求めましょう。

式

答え ＿＿＿＿＿＿＿＿

速さの求め方は「道のり÷時間」だよ。

41 速さ②

月　日

正答数　問／4問

1　チーターは秒速32mで走ります。7秒走ると、何m進みますか。

式

答え

2　馬は秒速12mで走ります。4分間走ると、何m進みますか。

式

答え

3　自転車が、秒速3mで走ります。40分走ると、何m進みますか。

式

答え

4　ロケットは秒速8kmで飛びます。7.5秒では、何km飛びますか。

式

答え

道のりの求め方は「速さ×時間」だよ。

42 速さ ③

月　日

正答数　問／4問

1　秒速7ｍで走る人は、105ｍ走るのに何秒かかりますか。

式

答え ＿＿＿＿＿＿

2　分速0.2kmでジョギングする人は2.5km走るのに何分かかりますか。

式

答え ＿＿＿＿＿＿

3　時速85kmの急行電車は、680km走るのに何時間かかりますか。

式

答え ＿＿＿＿＿＿

4　分速13kmの飛行機は、910km飛ぶのに何分かかりますか。

式

答え ＿＿＿＿＿＿

時間の求め方は「道のり÷速さ」だよ。

43

かんたんな比例 ①

月　日

正答数

問／3問

次の表にあてはまる数を書きましょう。

① 石だんの１つの高さは12cmです。石だんのだん数と全体の高さの関係を表にまとめます。

石だんのだん数と高さ

石だんのだん数（だん）	1	2	3	4	5	6	7	8	
全体の高さ（cm）	12	24	36				84		

② １本の重さが6gのくぎがあります。くぎの本数と全体の重さの関係を表にまとめます。

くぎの本数と重さ

くぎの本数（本）	1	2				6			
全体の重さ（g）	6	12	18	24	30	36	42	48	

③ 厚《あつ》さ7mmの本を積んだときの本のさつ数と全体の高さの関係を表にまとめます。

本のさつ数と高さ

本のさつ数（さつ）	1	2	3				7	8	
全体の高さ（mm）	7		21	28	35	42			

表の中で、上と下の数がわかっているところに注目しよう。下の数は上の数の何倍になっているかな？

かんたんな比例 ②

紙のまい数と重さの関係を調べましょう。

紙のまい数と重さ

まい数（まい）	10	20	30	40	50		90	100	
重　さ（g）	50	100	150	200	250		450	500	

① 紙10まいの重さは何gですか。

（　　　　　）

② 紙のまい数を4倍にすると、重さは何倍になりますか。

（　　　　　）

③ この紙が70まいのときの重さは何gですか。

（　　　　　）

④ 紙30まいの重さは、紙10まいの重さの何倍ですか。

（　　　　　）

⑤ この紙1まいの重さは何gですか。

（　　　　　）

⑥ この紙15まいの重さは何gですか。

（　　　　　）

表を見て考えよう。「まい数と重さ」の関係は10まいで50gみたいだね。
1まいあたりの重さも求められるよ。

45 割合とグラフ ①

月　日
正答数
問／3問

1　10回シュートをしたところ、6回ゴールに入りました。成功した割合《わりあい》を小数で求めましょう。

式

答え

2　アサガオの種を100個《こ》まきました。芽が出たのは、80個でした。発《はつ》芽《が》率《りつ》は何％ですか。

式

答え

3　ある野球選手は50打数で12本のヒットを打ちました。打率を歩合《ぶあい》で求めましょう。

式

答え

割合は、小数、％、歩合で表せるよ。0.15＝15％＝1割5分

46

割合とグラフ②

月　日

正答数　問／3問

1　2dLのコーヒーがあります。コーヒーの3倍の量の牛にゅうを入れて、コーヒー牛にゅうをつくります。何dLの牛にゅうを入れますか。

式

答え＿＿＿＿＿＿＿＿

2　たくやさんの体重は45kgです。お父さんの体重はその1.5倍です。お父さんの体重は何kgですか。

式

答え＿＿＿＿＿＿＿＿

3　弟の身長は126cmです。それはお父さんの身長の0.7倍です。お父さんの身長は何cmですか。

式

答え＿＿＿＿＿＿＿＿

それぞれ何がもとになって、3倍、1.5倍、0.7倍なのか考えよう。

47 割合とグラフ③

月　日
正答数
問／3問

四国4県の面積の四国全体にしめる割合《わりあい》と百分率《ひゃくぶんりつ》を求め、表を完成させ、帯グラフにしましょう。（電たく使用）

四国地方の県の面積の割合　（2017年）

	高知	愛媛	徳島	香川	合計
面　積（百 km^2）	71	57	41	19	188
割　合	0.38	0.30			1
百分率（％）	38	30			100

① 徳島県の割合（$\frac{1}{1000}$の位を四捨五入《ししゃごにゅう》）と百分率

式

答え

② 香川県の割合（$\frac{1}{1000}$の位を四捨五入）と百分率

式

答え

③ 四国地方の県の面積の割合を帯グラフにしましょう。

四国地方の県の面積の割合　（2017年）

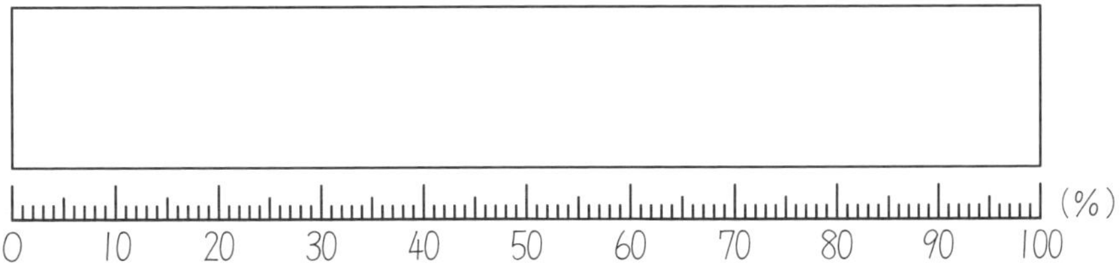

%を百分率というよ。4県の百分率の合計は100になったかな？

48

割合とグラフ ④

月　日
正答数　問／6問

四国4県のそれぞれの人口の四国全体にしめる割合《わりあい》を表にしました。

● 四国4県の県別人口の割合 ●　（2017年）

県名	人口（万人）	割合	百分率《ひゃくぶんりつ》（%）
愛媛	137	0.36	㋐
香川	97	0.25	㋑
徳島	75	0.20	㋒
高知	72	0.19	㋓
合計	381	1	㋔

① 割合を百分率《ひゃくぶんりつ》に直して表を完成させましょう。

② 上の表を円グラフにしましょう。

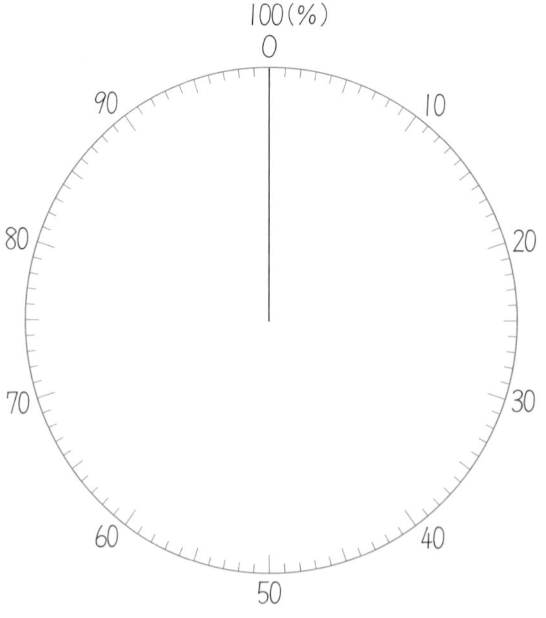

割合を比べるときは、円グラフや帯グラフで表すとわかりやすいね。

1 天気の変化 ①

月　日
正答数　問 /12問

1　気象《きしょう》情報《じょうほう》を集めるアメダスについて、（　　）にあてはまる言葉を□から選んで書きましょう。

アメダスは（①　　　　）を防《ふせ》ぐ目的で、日本の各地に約（②　　　　）カ所設置《せっち》され、（③　　　　）を測《はか》っています。

そして（③）、風向、風速、（④　　　　）などの観測《かんそく》データが、東京のセンターに（⑤　　　　）に送られて、これらのデータと（⑥　　　　）から送られた（⑦　　　　）の写真をもとにして（⑧　　　　）などを通じて（⑨　　　　）を伝えます。

災害《さいがい》	気象衛星《えいせい》	1300	自動的	
気温	雨量	天気予報《よほう》	テレビ	雲

2　下の図の雲の名前を□から選んで書きましょう。

①

（　　　　）

②

（　　　　）

③

（　　　　）

すじ雲　　入道雲　　うす雲

入道雲は「積らん雲」。すじ雲は「けん雲」ともいうよ。

2 天気の変化 ②

月　日

正答数

問／4問

次の図は、台風が日本付近にあるときの、雲のようすを表したものです。次の問題に㋐か㋑で答えましょう。

(1)　9月15日の図で台風の雲は㋐、㋑のどちらですか。

（　　）

(2)　台風が動くと、雨が強くふる地いきはどうなりますか。

㋐　雨は同じ地いきで強くふり続けます。

㋑　雨が強くふる地いきも変わります。

（　　）

(3)　台風は災害《さいがい》をひきおこすだけでなく、わたしたちのくらしにめぐみをもたらします。どのようなめぐみですか。

㋐　強風でごみなどがふき飛ばされます。

㋑　大雨が、大切な水《みず》しげんとなります。

（　　）

(4)　8月、9月に日本の近くにくる台風は、西から北東へと進みます。その理由として正しいものはどれですか。

㋐　日本の上空には、偏西風《へんせいふう》がふいているから。

㋑　海流にのって進むから。

（　　）

台風が近づくと急に風が強くなったり、大雨がふったりするね。通り過ぎた後はどうかな？

3 植物の発芽と成長 ①

月　日
正答数　問／9問

次の（　）にあてはまる言葉を［　］から選んで書きましょう。

(1)　インゲンマメは発芽に必要な養分を（①　　　）にたくわえています。その養分を（②　　　）といいます。（②）があるかどうかを調べるときに使う薬品が（③　　　）です。（③）は（④　　　）の液体《えきたい》で、調べたいものにつけて（⑤　　　）に変化すれば、（②）があります。
　（③）をつけても（⑥　　　）とき、（②）はありません。

でんぷん　　ヨウ素液《そえき》　　子葉
変化しない　　茶かっ色　　青むらさき色

(2)　発芽後、種子だったところにヨウ素液をつけると、色は変わりません。
　発芽によって養分の（①　　　）が使われたためです。
　種子にふくまれる養分は、植物によってちがいます。でんぷんをふくむものに（②　　　）、（③　　　）などがあります。

ジャガイモ　　でんぷん　　コメ

インゲンマメは発芽のときは、子葉のでんぷんを使うけど、本葉が開くと葉ででんぷんをつくるようになるよ。

4 植物の発芽と成長 ②

月　日
正答数
問／5問

インゲンマメの種子の発芽について実験Ⓐ〜Ⓕをしました。

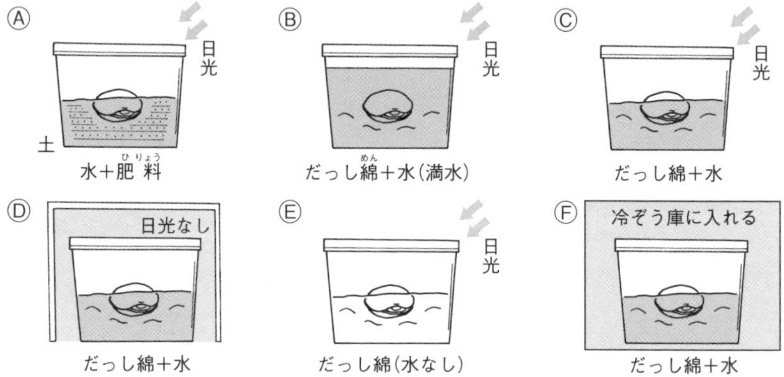

(1) 次の関係を調べるには、どの実験を比《くら》べますか。

① 水分と発芽の関係

㋐ ⒶとⒺ　　㋑ ⒸとⒺ　　㋒ ⒷとⒸ　（　　）

② 空気と発芽の関係

㋐ ⒸとⒺ　　㋑ ⒷとⒸ　　㋒ ⒷとⒹ　（　　）

③ 温度と発芽の関係

㋐ ⒹとⒻ　　㋑ ⒺとⒻ　　㋒ ⒷとⒻ　（　　）

(2) Ⓐ〜Ⓕの実験の結果、発芽するものはどれですか。

（　　）（　　）（　　）

(3) この実験から発芽に必要な3つの条件《じょうけん》を書きましょう。

（　　）（　　）（　　）

比べるときは条件を１つだけ変えて、あとは同じ条件になるようにするよ。Ⓐ〜Ⓕの実験の条件をよく見よう。

5 動物のたんじょう ①

月　日
正答数
問 /10問

メダカの飼《か》い方について、次の（　　）にあてはまる言葉を［　　］から選んで書きましょう。

メダカのような魚は、（①　　　）でたまごを産みます。

メダカは、春から夏の間、水温が（②　　　）なると、たまごを産むようになります。

水そうは水であらい、（③　　　）が直接《ちょくせつ》あたらない、（④　　　）、平らなところに置きます。

水そうの底には水であらったすなや（⑤　　　）をしきます。

水は（⑥　　　　）したものを入れて、（⑦　　　）を入れます。水がよごれたら、（⑥）した水と半分ぐらい入れかえます。

メダカは（⑧　　　）と（⑨　　　）を同じ数、まぜて飼います。

えさは、（⑩　　　　）が出ない量を毎日１～２回あたえます。

小石	日光	明るく	水中	高く
水草	おす	めす	食べ残し	くみおき

メダカの水そうは「明るい→日あたりがよい」と覚えてないかな。直接日があたるところは、さけよう。

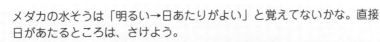

6 動物のたんじょう ②

月　日
正答数
問／9問

1　次の文で、メダカだけにあてはまるものには×、ヒトだけにあてはまるものには○をつけましょう。

① （　　）子どもは卵《らん》の中で成長します。
② （　　）卵《らん》の中の栄養で成長します。
③ （　　）親から栄養をもらいます。
④ （　　）性別《せいべつ》は子宮にいるときには、すでに決まっています。

2　次の図は、母親の体内で子どもが育っていくようすを表したものです。①～⑤について説明した文を、下の㋐～㋔から選びましょう。

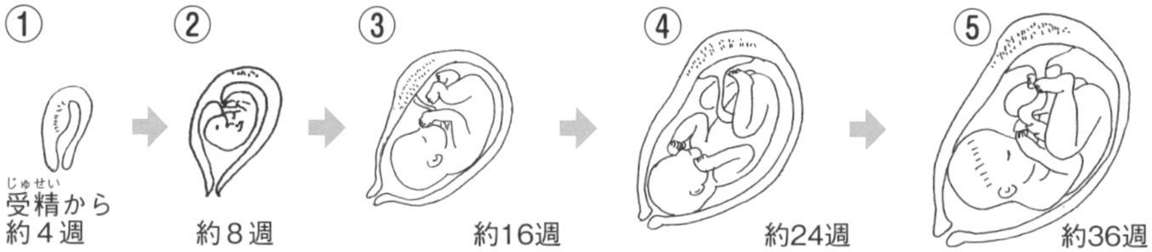

（　　）（　　）（　　）（　　）（　　）

㋐　からだの形や顔のようすがはっきりしている。男女の区別ができる。
㋑　心ぞうが動きはじめる。
㋒　心ぞうの動きが活発になる。からだを回転させ、よく動くようになる。
㋓　子宮の中で回転できないくらいに大きくなる。
㋔　目や耳ができ、手足の形がはっきりし、からだを動かしはじめる。

メダカはたまごの中で、ヒトはお母さんの子宮の中で育つよ。

月　日
正答数
問／7問

7 花から実へ

1 右の図は、アブラナの花のつくりを表したものです。

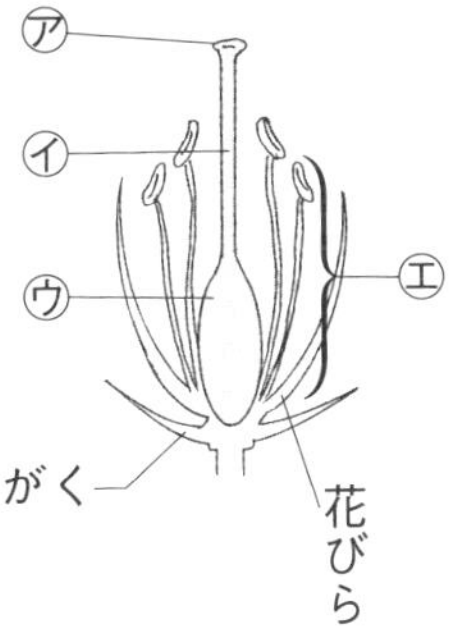

(1) おしべは、㋐～㋓のどこですか。

（　　）

(2) 花がさいたあと実になるのは、㋐～㋓のどこですか。

（　　）

(3) おしべでつくられた花粉《かふん》がつくのは、㋐～㋓のどこですか。

（　　）

2 右の図はカボチャの花のつくりを表したものです。

(1) Ⓐ、Ⓑの花は、それぞれ何とよばれますか。

Ⓐ（　　　　）　Ⓑ（　　　　）

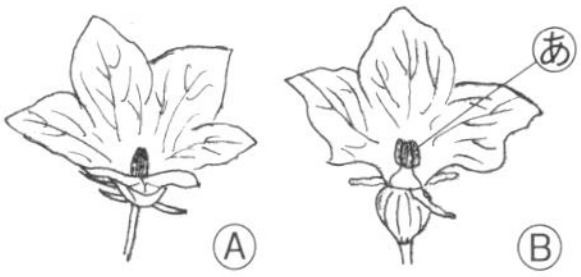

(2) 次の㋐～㋓のうちⒶの花について書いた文を２つ選んで○をつけましょう。

㋐（　）めしべがあります。

㋑（　）しぼんだあと、つけねから落ちてしまいます。

㋒（　）花のつけねあたりに、実ができます。

㋓（　）おしべで花粉がつくられます。

(3) ㋐の部分をさわるとべたべたしています。それは何のためですか。

（　　　　　　）

実になるところは少しふくらんでいるよ。

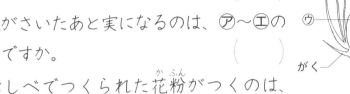

8 流れる水のはたらき ①

月　日

正答数　問／8問

1　正しい文には○、まちがっている文には×をつけましょう。

① (　　) 川の水は、雨や雪として地面にふった水が流れこんでできたものです。

② (　　) 雪どけの春になると川の水量が増《ふ》えます。

③ (　　) 雨のふらない日には、川の水はなくなります。

④ (　　) 梅雨《つゆ》のころには、川の水量は増えます。

⑤ (　　) 平地の川原《かわら》にころがっている小石は、角ばっているものが多いです。

2　次の㋐、㋑のうち正しい方に○をしましょう。

(1) 多くの川原の石に丸みがあるのはなぜですか。

㋐ (　　) 川の中で転がっているうちに丸くなるから。

㋑ (　　) もともと石は丸くなる性質《せいしつ》があるから。

(2) どちらの川原の石の方が大きいですか。

㋐ (　　) 山の中を流れる川

㋑ (　　) 平地を流れる川

(3) 川原の石が次に流されて運ばれるのはどんなときですか。

㋐ (　　) 大雪がふり、気温が下がったとき。

㋑ (　　) 大雨がふり、水の量が増えたとき。

流れる水の力で、岩はくだかれて石になるよ。その石が流されるうちに丸くなるんだ。流れる水の力はすごいね。

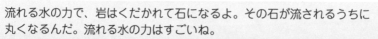

9

流れる水のはたらき ②

月　日

正答数　問 /10問

次の(　　)にあてはまる言葉を[　　]から選んで書きましょう。

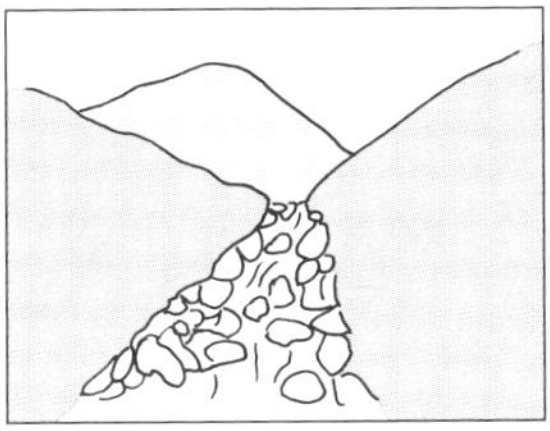

上　流

(1)　上流では両岸が切り立った、V字の形の谷を(①　　　　　)といいます。流れは(②　　　　)で(③　　　　)岩が多く、石の形は角ばっています。

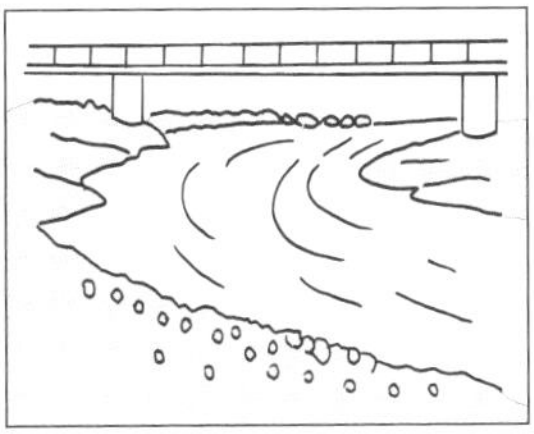

中　流

(2)　中流では川はばが広がり、流れは(④　　　　　)で、川原には(⑤　　　　)のある(⑥　　　　)石やすなが多くなります。

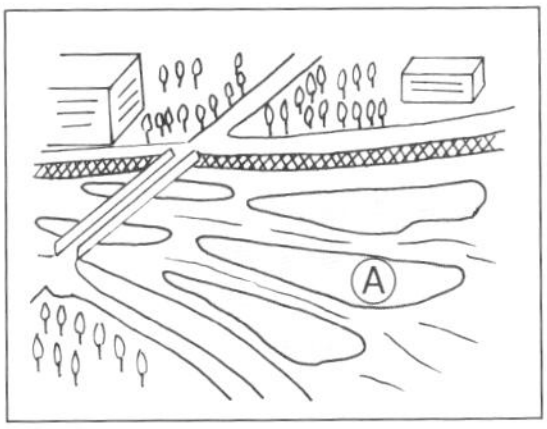

下　流

(3)　下流では川は(⑦　　　　)をつくり、流れはゆったりとしています。川原は(⑧　　　　)や(⑨　　　　)が多くなります。図のⒶのように(⑩　　　　)ができたりします。

中州《なかす》　V字谷　平野　急　ゆるやか
小さな　丸み　すな　ねん土　大きな

中州は、川の中の石やすなが積もって、低い島状になっているところのことだよ。大きいものもあれば、小さいものもあるね。

10 ふりこの運動

月　日
正答数
問／4問

1　次の㋐～㋒のふりこのうち、１往復《おうふく》する時間がいちばん短いものはどれですか。３つとも同じときには「同じ」と書きましょう。

①（　　　）

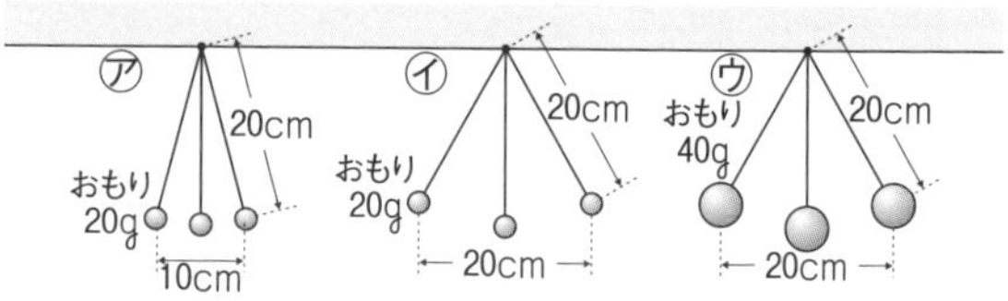

②（　　　）

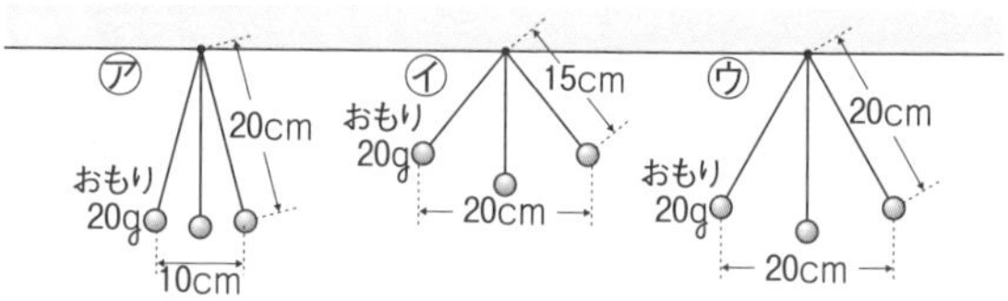

③（　　　）

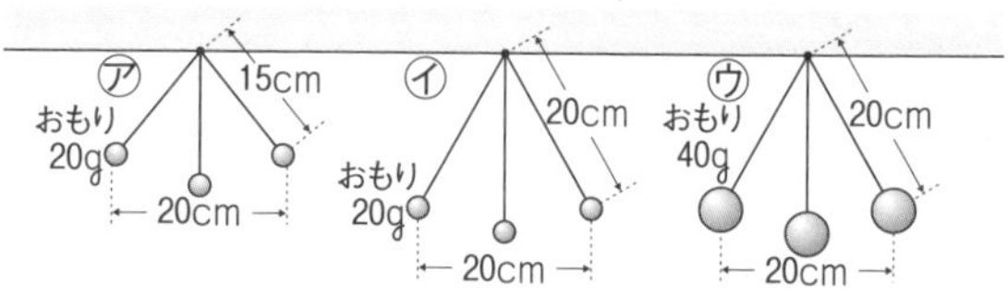

2　ふりこが１往復する時間を調べるために、ふりこが10往復する時間を３回計り、計算で１往復する時間を求めました。このようにして求める理由を、㋐～㋒から選びましょう。

㋐　往復する時間は、どんどん長くなっていくものだから。
㋑　１回だけだと、計るのがかんたんだから。
㋒　３回はかり平均《へいきん》する方が確《たし》かだから。

（　　　）

ふりこが１往復する時間はふりこの長さで決まるんだったね。

11 もののとけ方 ①

月　日
正答数
問／8問

1　下の器具を使って、水を測《はか》りとります。

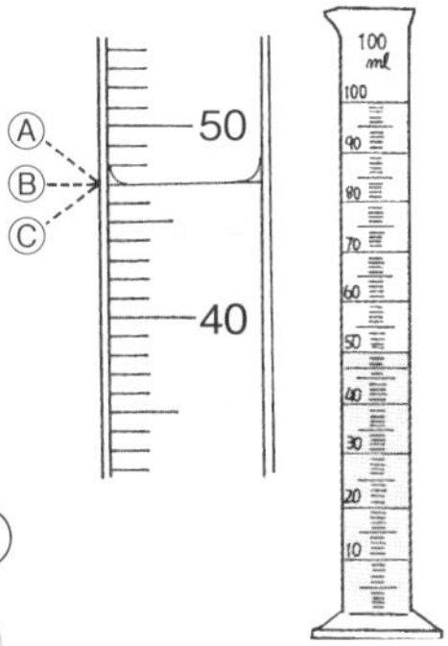

(1)　この器具の名前は何ですか。

（　　　　　　　　　　）

(2)　この器具は、どんな場所に置きますか。

（　　　　　　　　　　）

(3)　目もりを見るときの目の位置は、Ⓐ～Ⓒのどれが正しいですか。（　　　）

(4)　目もりはいくつですか。（　　　mL）

2　右のような、実験をしました。正しいものには○を、まちがっているものには×をつけましょう。

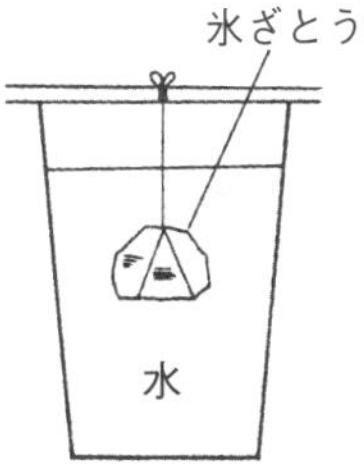

①（　　）水に入れた氷ざとうのつぶは、しだいに小さくなって、やがて見えなくなってしまいます。

②（　　）2～3時間後、コップの水をなめてみると、上の方はあまくありませんが、下の方はあまくなっています。

③（　　）水にとけた氷ざとうは、すぐに水全体に広がります。

④（　　）水に入れてとけた氷ざとうのつぶは、けんび鏡で見ることができます。

ガラスのコップに水を入れたときも、1のメスシリンダーのような水面になっているよ。

12 もののとけ方 ②

月　日

正答数

問／7問

ミョウバンの水よう液《えき》をビーカーに入れ、図のように氷を入れた水で冷やすと、液の中にミョウバンが出てきました。

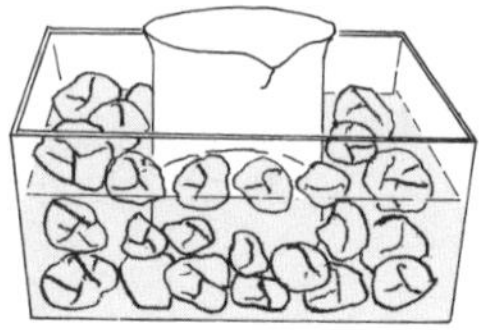

(1)　ミョウバンの水よう液を冷やすと、液の中にミョウバンが出てくるのはどうしてですか。次の㋐、㋑のうち正しい方に○をつけましょう。

㋐（　　）水の量が変わると、水にとけるミョウバンの量も変わるから。

㋑（　　）水の温度が変わると、水にとけるミョウバンの量も変わるから。

(2)　液の中に出てきたミョウバンだけを下の図のようにして取り出しました。

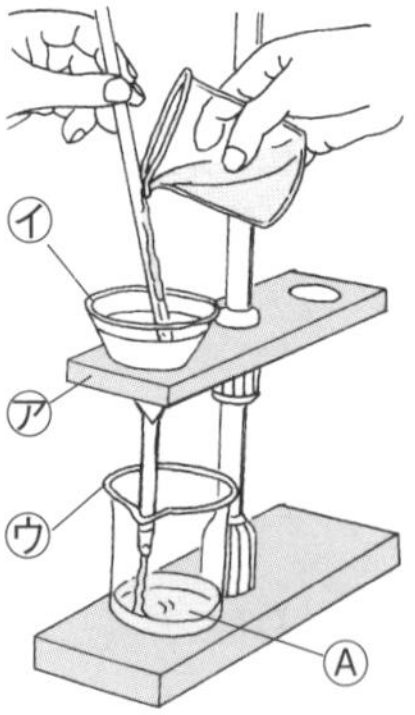

①　㋐〜㋒の器具の名前を書きましょう。

㋐（　　　　　）　㋑（　　　　　）

㋒（　　　　　）

②　この方法を何といいますか。（　　　　　）

③　下にたまった液はとうめいですが、ミョウバンはとけていますか。（　　　　　）

④　Ⓐの液をさらに冷やしました。どうなりますか。

（　　　　　　　　　　　　　　　　　　　　）

水の量が同じなら、ものがとける量は温度で決まるよ。

13 もののとけ方 ③

月　日
正答数
問／4問

1 Ⓐ～Ⓒのビーカーに、それぞれ10℃、30℃、50℃の水が同じ量ずつ入っています。これらに同じ量のミョウバンを入れ、かきまぜると、1つのビーカーですべてとけました。Ⓐ～Ⓒのどれですか。

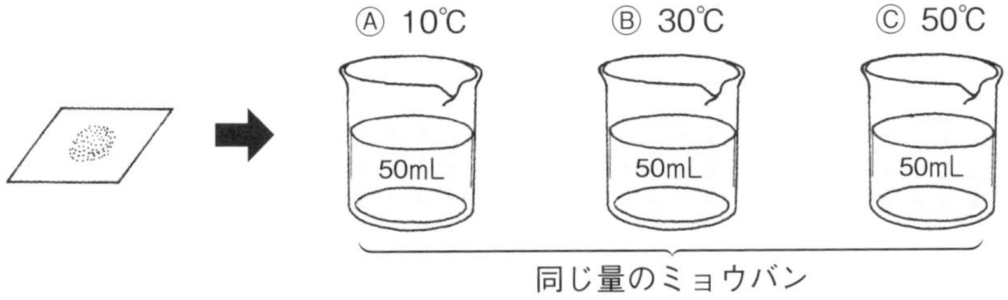

（　　　　）

2 水・とけたもの・水よう液《えき》の重さについて、あとの問いに答えましょう。

(1) 50gの水に7gの食塩をとかしました。できた食塩の水よう液の重さは何gですか。

（　　　　）

(2) 重さ50gのコップに60gの水を入れ、さとうを入れてよくかきまぜたら、全部とけました。全体の重さをはかったら128gでした。とかしたさとうは何gですか。

（　　　　）

(3) 重さのわからない水に食塩を、18gとかしました。できた水よう液の重さを調べたら、78gでした。何gの水にとかしましたか。

（　　　　）

さとうや塩を、水に入れてとかしても「重さ」はきえずに、「水＋さとう」「水＋塩」の重さになるよ。

14

電磁石の性質①

月　日

正答数

問 /10問

1　次の(　　)にあてはまる言葉を[　　]から選んで書きましょう。

方位磁針《じしん》の上に1本のエナメル線を置き、電流を流しました。エナメル線の周りには(①　　　　)が発生し、方位磁針の針《はり》は(②　　　　)ました。

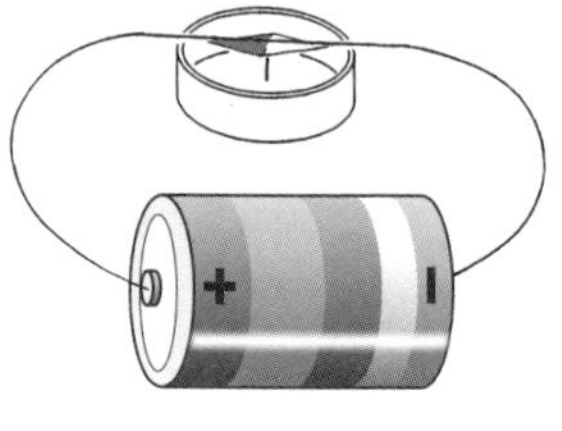

エナメル線をまいて、(③　　　　)をつくりました。これに電流を流すと（①）が発生しました。（③）に鉄のくぎを入れました。これに電流を流すと（①）が発生し、その力は、前よりも(④　　　　)なりました。

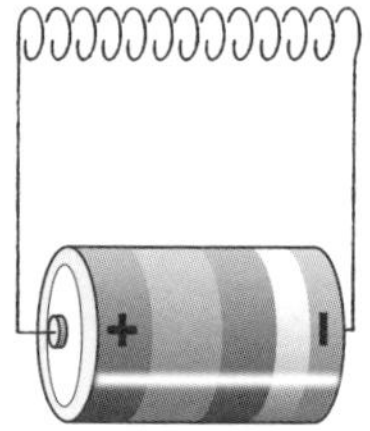

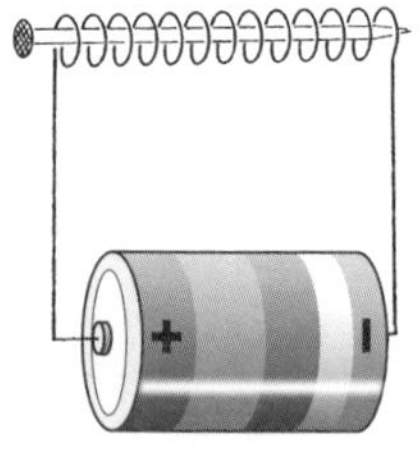

磁石の力　動き　コイル　強く

2　次のうち、電磁石を使っているものには○、そうでないものには×をつけましょう。

①（　　）モーター　②（　　）トースター　③（　　）せん風機

④（　　）電球　⑤（　　）スピーカー　⑥（　　）アイロン

回転するものや、ふるえるものに電磁石は使われているよ。

15 電磁石の性質 ②

月　日　正答数　問／5問

1　次の(　　)にあてはまる言葉を［　　］から選んで書きましょう。

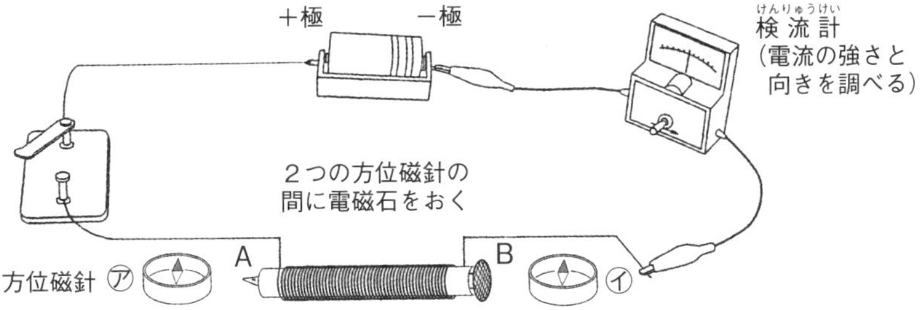

電流を流すと、㋐と㋑の方位磁針《じしん》のN極が右の方にふれました。このことから、電磁石《でんじしゃく》のはしAが(①　　)極になっており、Bは(②　　)極になっていることがわかります。

次に、かん電池の(③　　　)を変え、電流の向きを逆《ぎゃく》にすると、Aが（②）極、Bが（①）極になりました。これにより、電流の（③）が逆になると、電磁石の極も(④　　)になることがわかります。

［　N　　S　　向き　　逆　］

2　㋐～㋓の電磁石のうち、磁石のはたらきが一番強いものはどれですか。(　　　　)

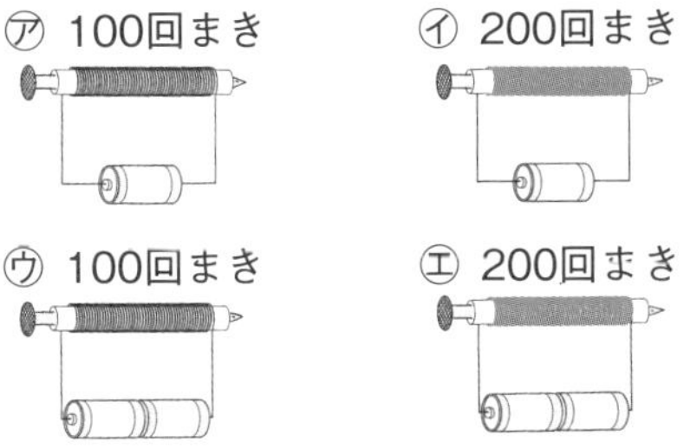

磁石はN極とS極が引きつけ合うよ。

16

電磁石の性質 ③

月　日

正答数　問／5問

次の文章の――の部分が、正しければ○を、まちがっていれば正しく（　）に書き直しましょう。

(1)　電磁石《でんじしゃく》の極は、電池の極を反対につなぐと、反対になります。

（　　　　）

(2)　2個《こ》のかん電池を直列につないだら、1個のときよりも

（　　　　）

導線《どうせん》に強い電流が流れます。また、電流が強いほど電磁石の力は強くなります。

（　　　　）

(3)　検流計《けんりゅうけい》で電流の強さをはかるとき、電磁石につないだ導線を一たんしにつなぎ、50mAからはかります。

（　　　　）（　　　　）

(4)　モーターは、電磁石の極を自由に変えられることを利用

（　　　　）

して、永久《えいきゅう》磁石と電磁石の引きあう力や反発する力で回転

（　　　　）

します。

(5)　電磁石の両はしには、＋極・－極ができ、鉄を引きつけ

（　　　　）

る力は、この部分が最も弱くなります。

（　　　　）

電磁石のはたらきは、流れる電流の量を増《ふ》やしたり、コイルのまき数を多くすると強くなるよ。

1 日本の国土 ①

月　日

正答数　問 /10問

地球上の位置の表し方について、答えましょう。

(1) 地球儀《ちきゅうぎ》や地図に引かれているたての線、横の線のことを何といいますか。

① たての線（　　　　）

② 横の線（　　　　）

(2) 次の文の（　　）にあてはまる言葉を書きましょう。

経線は、（①　　　　）と南極を結ぶ線で、イギリスのグリニッジ天文台のあった地点を（②　　　　）度として、東と西にそれぞれ（③　　　　）度ずつになっています。東側を（④　　　　）、西側を西経といいます。

緯線は、（⑤　　　　）を0度として、南と北にそれぞれ（⑥　　　　）度ずつになっています。北側を（⑦　　　　）、南側を南緯といいます。

(3) 日本の時こくは、兵庫県明石市《あかしし》を通る経線をもとにして、決められています。それは何度の経線か、次の㋐～㋒から選びましょう。

㋐ 西経45度　　㋑ 東経35度　　㋒ 東経135度

（　　　　）

東経135度の線上には、明石市の他にも兵庫県の三木市《みきし》や西脇市《にしわきし》、京都府の京丹後市《きょうたんごし》などがあるよ。

2

日本の国土 ②

月　日

正答数　問 /14問

1　次の（　）にあてはまる言葉を［　　］から選んで書きましょう。

日本は、ユーラシア大陸の（①　　　）側にあって、北東から（②　　　）に細長い島国です。その長さは、だいたい（③　　　）kmあります。日本の広さは、約（④　　　）km²あり、本州をはじめ、（⑤　　　）、（⑥　　　）、（⑦　　　）の4つの大きな島とおよそ（⑧　　　）の小さな島からできています。人口は、およそ（⑨　　　）人です。

北のはしにある島は、もともと日本の領土《りょうど》ですが、今は（⑩　　　）が占領《せんりょう》しています。

ロシア連邦《れんぽう》	1億2000万	7000	3000	38万
東	南西	九州	四国	北海道

2　次のうち正しいものには〇を、まちがっているものには×をつけましょう。

①（　　）日本は約4分の3が山地である。

②（　　）日本には火山が1つもない。

③（　　）多くの山が細長く続いて、ひとつながりになっている地形を山脈《さんみゃく》という。

④（　　）平野では、交通が発達していて、都市が集まっている。

東京は関東平野に、大阪は大阪平野にあるね。

3 日本の国土 ③

月　日

正答数　問 /11問

右の地図を見て、後の問いに答えましょう。

(1) 平野の位置を見つけて、その記号を(　)に書きましょう。

① 濃尾《のうび》平野 (　　)

② 越後《えちご》平野 (　　)

③ 石狩《いしかり》平野 (　　)

④ 仙台《せんだい》平野 (　　)

⑤ 筑紫《つくし》平野 (　Ⓔ　)

(2) 平野を流れる川の名前を下の[　　]から選んで(　)に記号で書きましょう。

Ⓐ(　　)　Ⓑ(　　)　Ⓒ(　　)　Ⓓ(　　)　Ⓔ(　　)

㋐ 北上《きたかみ》川　㋑ 木曽川　㋒ 筑後《ちくご》川　㋓ 石狩川　㋔ 信濃《しなの》川

(3) 本州の中央部にそびえる、高さ3000m以上の飛驒山脈、木曽山脈、赤石山脈を、建物の一部になぞらえて何とよびますか。

(日本の　　　　　　)

濃尾平野には岐阜市や名古屋市が、越後平野には新潟市があるよ。

4 日本の気候

月　日

正答数　問／9問

日本の気候について答えましょう。

(1) 夏と冬で、ふく方向が変わる風を何といいますか。（　　　　）

(2) 日本の気候の特ちょうを次の㋐～㋓の文から２つ選びましょう。

（　　　　）（　　　　）

㋐ 冬になると強い台風がよくくる。

㋑ 本州では南へ行くほど、梅雨《つゆ》あけが早い。

㋒ 日本中、どの場所でも気候は同じである。

㋓ 四季がはっきり分かれている。

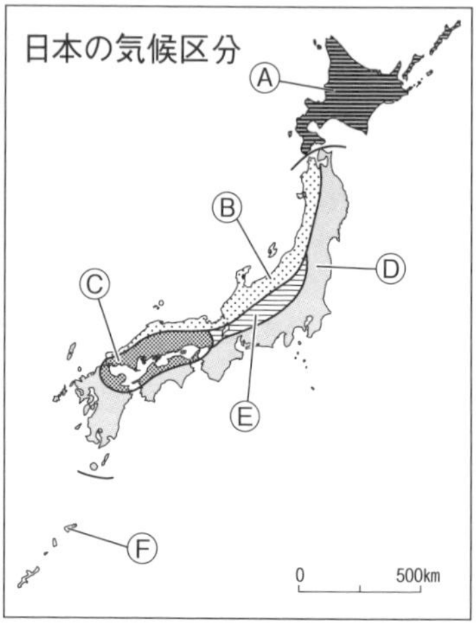

(3) 次の文は地図中のⒶ～Ⓕの地域《ちいき》の特ちょうを述《の》べています。あてはまる地域を選んで（　）に記号を書きましょう。

① （　　） １年中雨が少なく、夏と冬の気温の差がはげしい。

② （　　） 夏は長く雨が多い。台風も多い。

③ （　　） 冬に雪が多く、夏は晴れる日が多い。

④ （　　） 太平洋側の気候と似《に》ているが、やや雨が少ない。

⑤ （　　） 冬が長く、寒さがきびしい。

⑥ （　　） 夏に雨が多く、梅雨や秋の長雨がはっきりしている。

8月の平均気温
（2020年）

札幌《さっぽろ》	23.3°	新潟	27.7°	東京	29.1°
大阪	30.7°	福岡	30.2°	那覇《なは》	29.4°

5 米づくり ①

月　日

正答数　問／9問

地図中の①～③の番号は、米の生産量の１位から３位を表しています。（2021年　農林水産省調べ）

(1)　米の生産量１位から３位の都道府県名を書きましょう。

１位（　　　　　　　）

２位（　　　　　　　）

３位（　　　　　　　）

(2)　地図中の㋐～㋒は米づくりのさかんな平野です。㋐～㋒にあてはまる言葉を書きましょう。

㋐（　　　　）平野　㋑（　　　　）平野　㋒（　　　　）平野

庄内《しょうない》　越後《えちご》　秋田

(3)　上の㋐～㋒に流れている川の名前を書きましょう。

㋐（　　　　　　）　㋑（　　　　　　）　㋒（　　　　　　）

信濃《しなの》川　最上《もがみ》川　雄物《おもの》川

秋田県の横手盆地は、農作物の集散地。冬の「かまくら」が有名だよ。

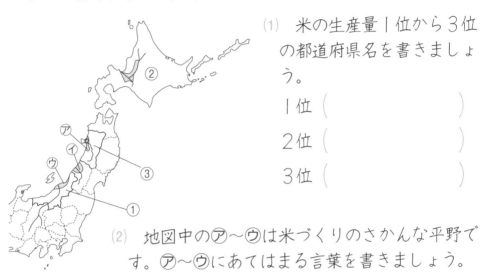

6 米づくり②

月　日
正答数
問／8問

米づくりの仕事について答えましょう。

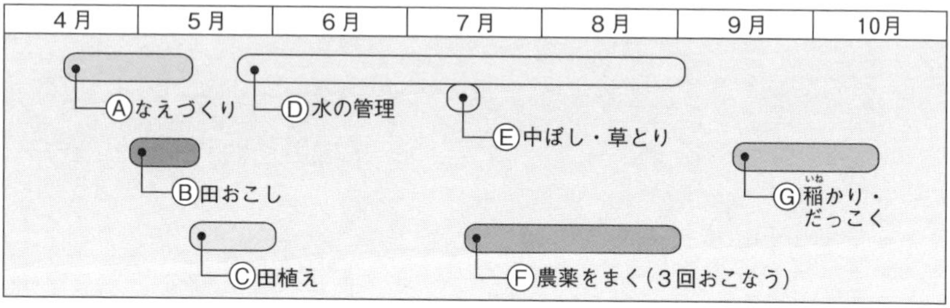

(1)　次の農作業の絵は、上の表のⒶ～Ⓖのどの仕事のようすですか。それぞれあてはまる記号を（　　）に書きましょう。

㋐

（　　）

㋑

（　　）

㋒

（　　）

㋓

（　　）

(2)　次の①～④は、Ⓐ～Ⓖのどの説明ですか。あてはまる記号を（　　）に書きましょう。

① （　　） ビニールハウスの中で温度調節をして育てる。

② （　　） 田を耕《たがや》して、稲の根がのびやすいようにする。

③ （　　） 根が育つようにするため、田の水を全部ぬく。

④ （　　） 病気や害虫から稲を守るため薬を使う。

農家の数は、1990年は300万戸だったけど、2009年には、170万戸に減ったんだ。今はどうかな？

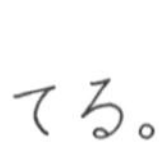

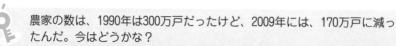

7

野菜・くだものづくり

月　日

正答数　問／8問

1　次の①、②の気候にあてはまる地域《ちいき》を図中の㋐～㋒から選んで〔　〕に、つくられている農産物を（　）に書きましょう。

①　冬でもあたたかい気候の地域

〔　　〕（　　）

②　夏でもすずしい気候の地域

〔　　〕（　　）

キャベツ　　ピーマン

2　次の（　）にあてはまる言葉を［　］から選んで書きましょう。

りんごは（①　　）地域で、みかんは（②　　）地域でつくられています。

ももやぶどうは、昼と（③　　）の温度差が（④　　）地域でつくられています。

夜　　あたたかい　　すずしい　　大きい

地図を見て考えよう。都道府県は４年生で習ったね。長野県と山梨県には海がないよ。

8 畜産

月　日
正答数
問／6問

畜産《ちくさん》は、なぜ北海道や九州地方でさかんなのでしょうか。
（　）にあてはまる言葉を書きましょう。

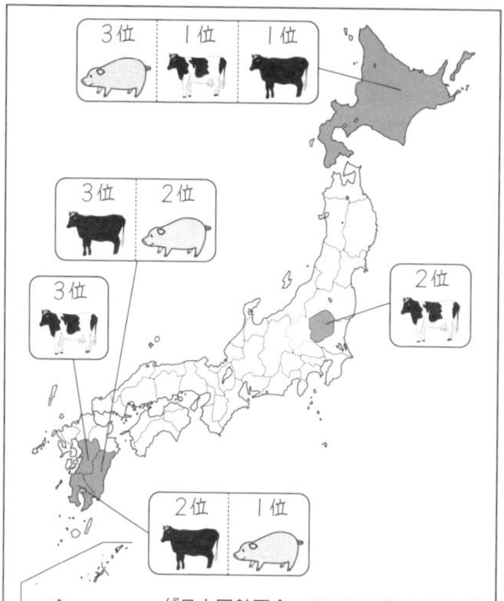

（『日本国勢図会　2019/20』より作成）

(1)　肉牛を育てるには、（①　　　　）牧草地が必要で、乳牛《にゅうぎゅう》は夏でも（②　　　　）気候のところが適《てき》しています。

(2)　北海道や九州で(1)にあたるところは、どこですか。

①　北海道
（　　　　）台地

②　九州
（シラス）台地

シラス台地
火山灰が積もった台地なので、水はけが良すぎて、米をつくるのがむずかしい

(3)　(2)の②で作られる作物　（　　　　）

(4)　(3)は、何のえさにもなりますか。（　　　　）

ぶた　すずしい　根釧《こんせん》　広い　サツマイモ

らく農は北海道が有名だけど、本州でもすずしい地方では行われているよ。

9 水産業 ①

月　日
正答数
問 /10問

絵を見て、後の問いに答えましょう。

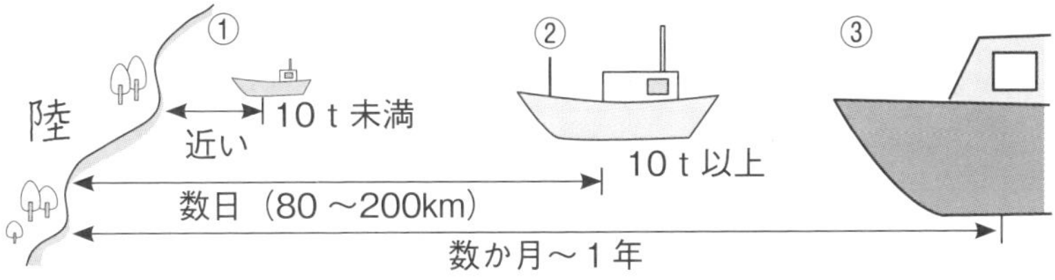

④ たまごをかえす → 稚魚《ちぎょ》を育てる → 放流 → とる

⑤

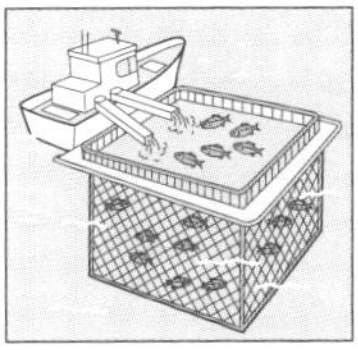

（いけすの中で育てて出荷する）

(1) ①～⑤のそれぞれの漁業の名前を書きましょう。

①	漁業	②	漁業	③	漁業
④	漁業	⑤	漁業		

遠洋　養しょく　沿岸《えんがん》　さいばい　沖合《おきあい》

(2) ①～⑤を、とる漁業とつくり・育てる漁業に分けて、番号で答えましょう。

㋐ とる漁業 （　　）（　　）（　　）

㋑ つくり・育てる漁業 （　　）（　　）

魚の消費量は、世界的に増えているんだ。これからは、養しょく漁業やさいばい漁業が大切になるね。

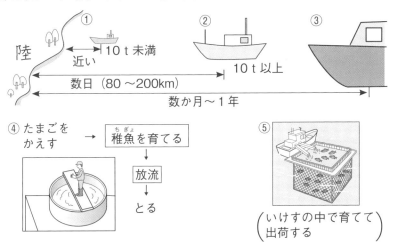

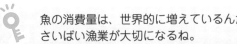

10

水産業②

月　日

正答数

問／8問

絵を見て(　)にあてはまる言葉を書きましょう。

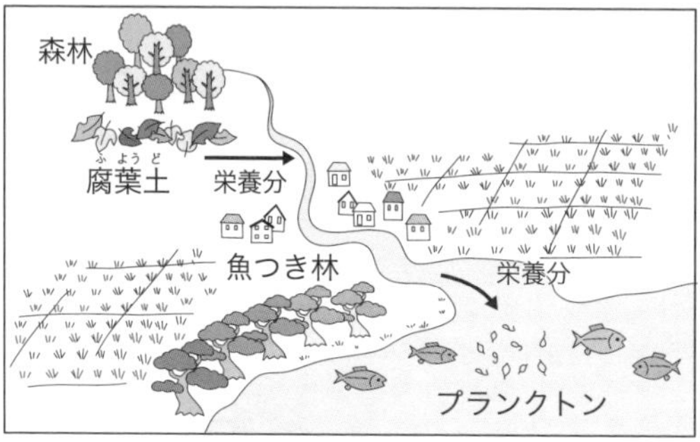

(1)　宮城県の(①　　　　)たちが、1989年、(②　　　)に木を植えました。

そのとき、山に大漁旗がはためきました。

(①)たちは、魚や貝のえさになる(③　　　　　)は、森林に積もった(④　　　　)の栄養分が川によって運ばれることで育つと考えたのです。

山　漁師《りょうし》　プランクトン　ふ葉土《ようど》

(2)　(①　　　　　　)の３つのはたらきによって、魚の生育に良いかん境《きょう》をつくり出します。

- 海面に(②　　　　　)をつくる。
- (③　　　　)が海に流出しない。
- (④　　　　)を弱める。

土砂《どしゃ》　風　木《こ》かげ　魚《うお》つき林《りん》

魚つき林は「魚を育てる林」ともよばれているよ。

工業

1　次の製品《せいひん》は、何工業で生産されますか。㋐ 機械工業、㋑ 金属《きんぞく》工業、㋒ 化学工業、㋓ 食料品工業、㋔ せんい工業の中から選んで記号で書きましょう。

①　②　③　④　⑤

（　）（　）（　）（　）（　）

2　工業地帯・地域《ちいき》を表した下の地図を見て、Ⓐ～Ⓖの工業地帯・地域名と、＿＿＿で囲《かこ》まれた地域㋐の名前を書きましょう。

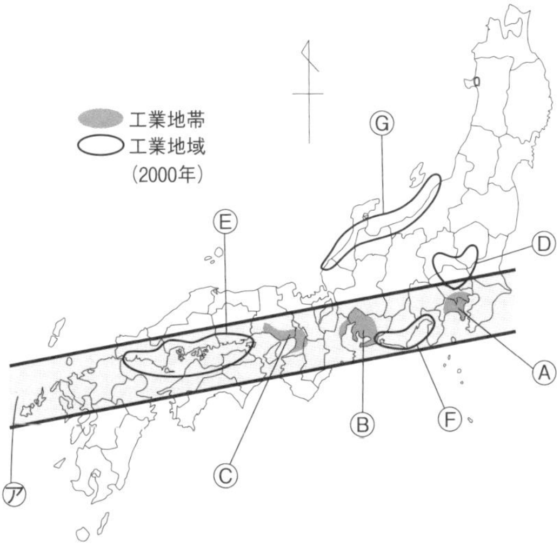

Ⓐ（　）
Ⓑ（　）
Ⓒ（　）
Ⓓ（　）
Ⓔ（　）
Ⓕ（　）
Ⓖ（　）
㋐（　）

Ⓐ～Ⓒの工業地帯にある都市を、地図帳で調べてみよう。

12

自動車づくり

月　日

正答数

問 /10問

自動車づくりの図を見て、後の問いに答えましょう。

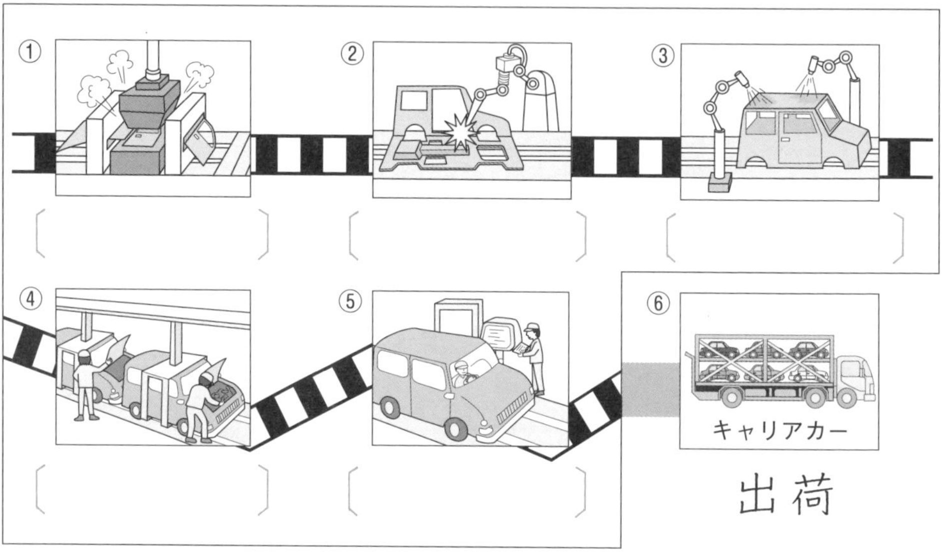

(1)　①～⑤の作業の名前を書きましょう。

検査《けんさ》　プレス　ようせつ　組み立て　とそう

(2)　次の作業は①～⑤のどこでしますか。(　　)に番号を書きましょう。

㋐(　　)　車体に色をぬる。

㋑(　　)　ドアなどの部品をようせつし車体をつくる。

㋒(　　)　1まいの鉄板からドアなどの部品をつくる。

㋓(　　)　ブレーキやメーター表示などを点検する。

㋔(　　)　エンジンやシートなどを車体にとりつける。

きけんな作業やくり返し作業は、人間の代わりにロボットが行うよ。

13

大工場と中小工場

月　日

正答数

問／6問

1　大工場と中小工場について、（　　）にあてはまる言葉を［　　］から選んで書きましょう。

大工場は、働く人の数が少なくても、工場の（①　　　　）が進んでいるので、（②　　　　）生産ができます。

（③　　　　）工場は、独自《どくじ》のすぐれた技術《ぎじゅつ》をもっていても、手作業にたよっているので大量にはつくれません。

だから、生産額は、（④　　　　）工場の方が高くなります。

大量	機械化	大	中小

2　次のグラフを見て、正しいもの2つに○をつけましょう。

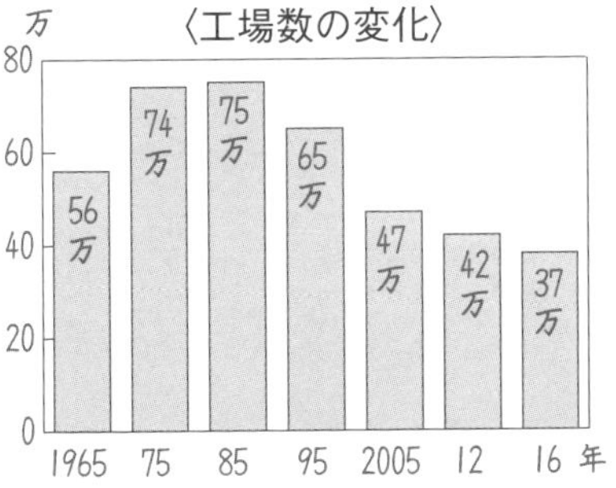

（『日本国勢図会　2019/20』より作成）

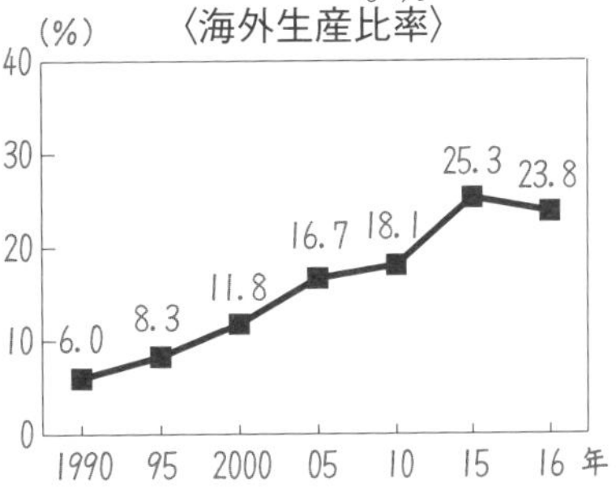

（『日本国勢図会　2019/20』より作成）

①（　　）工場数は、1965年から2016年まで増《ふ》えている。

②（　　）工場数は、1985年に比べて2016年は約半分。

③（　　）海外生産比率は、90年から2016年まで増えている。

④（　　）海外生産比率は、2015年は1990年の約4倍。

従業員《じゅうぎょういん》7人以下の工場は全体の70.8%もあるのに、従業員1000人以上の工場は、全体のわずか0.1%しかないんだって。

14 運輸と貿易

月　日

正答数　問／4問

日本の貿易《ぼうえき》について、後の問いに答えましょう。

日本の輸出入品の内わけ

(財務省調べ)

輸出

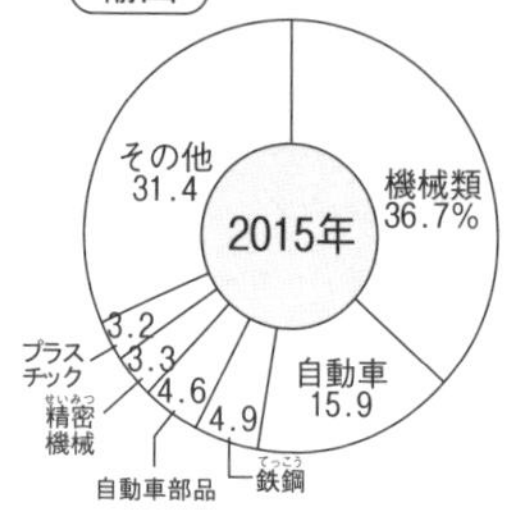

輸入

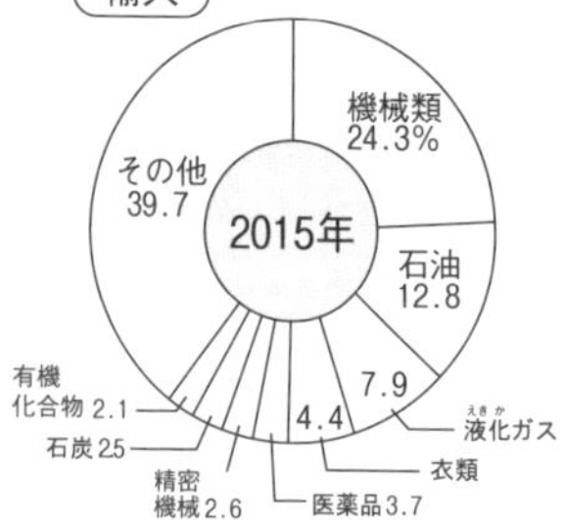

(1)　左のグラフは、日本の輸出入品《ゆしゅつにゅうひん》の内わけを表しています。このグラフからわかることで正しいものを２つ選んで○をつけましょう。

①（　　）日本の輸出額《がく》は、輸入額の２倍以上ある。

②（　　）輸出品の中心は、機械類、自動車などの工業製品《せいひん》である。

③（　　）輸入品の中心は、石油などのエネルギーしげんである。

④（　　）日本の貿易の第１位は、輸出・輸入とも機械類である。

(2)　下のグラフは、日本が石油を多く輸入している相手国です。上位２つを、次の中から選んで○をつけましょう。

国別原油輸入比率《ひりつ》(2015年)

[原油]

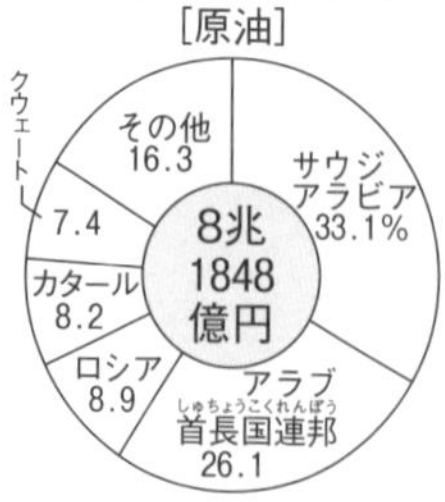

(財務省調べ)

㋐（　　）インドネシア

㋑（　　）オーストラリア

㋒（　　）サウジアラビア

㋓（　　）アラブ首長国連邦《しゅちょうこくれんぽう》

㋔（　　）ロシア

グラフを読み取るときは、単位に注意しよう。それぞれの円グラフの単位は何かな？

15 くらしと情報

月　日　正答数　問/5問

図は、コンビニエンスストアで使われているコンピュータの仕組みを表しています。後の問いに答えましょう。

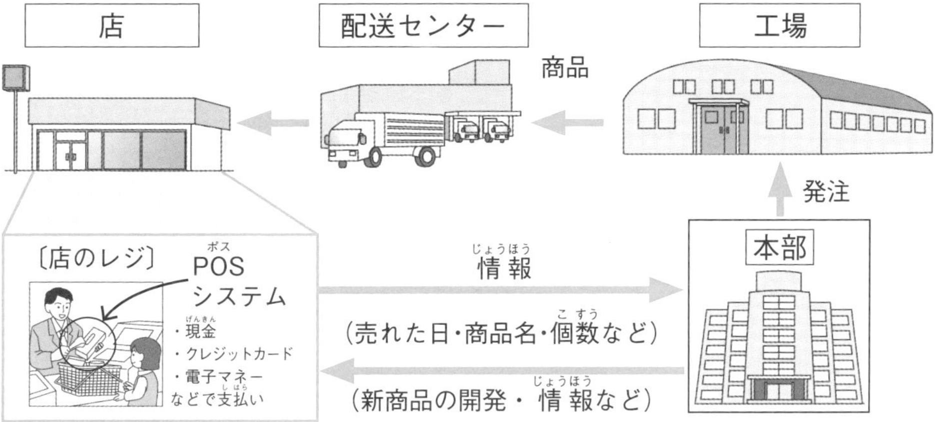

(1) POSシステムを使うことでわかることに○をつけましょう。

① (店に来た人の数 ・ 商品が売れた日時)

② 売れた商品の(個数 ・ 形)

③ (売れた商品の名前 ・ 店に来るまでの交通手だん)

(2) POSシステムを使うことで、どのようにして店頭に商品がならびますか。㋐、㋑にあてはまる言葉を、図からさがして書きましょう。

店 → ㋐ [　　　] → 工場 → ㋑ [　　　] → 店

情報は、医療《いりょう》や観光にも役立っているよ。どんな風に使われているのかな。

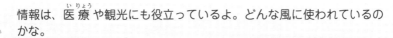

16

自然災害

月　日

正答数　問／5問

自然災害《しぜんさいがい》を防《ふせ》ぐために取り組んでいることについて、説明している文を線で結びましょう。

① ハザードマップ •

② 砂防《さぼう》ダム •

③ 防災訓練 •

④ ていぼう •

⑤ 緊急地震《きんきゅうじしん》速報《そくほう》 •

• ㋐ 土砂《どしゃ》くずれのおこりそうな山間部に、つくられているもの。

• ㋑ 川や海が、はんらんしそうな所につくられているもの。

• ㋒ 災害のおきそうな場所やひなん場所を示《しめ》した地図。

• ㋓ 地震《じしん》の発生直後に、各地での強いゆれの到達《とうたつ》時刻《じこく》や震度を予想して、早く知らせること。

• ㋔ 災害にそなえてひなん経《けい》路《ろ》・ひなん場所を確認《かくにん》すること。

日本は災害の多い国だよ。ふだんから防災について考えておこう。

1 漢字の読み ①

月　日
正答数
問 /15問

次の漢字の読みがなを書きましょう。

① 保険（　　）
② 事故（　　）
③ 幹線（　　）
④ 有効（　　）
⑤ 習慣（　　）
⑥ 金属（　　）
⑦ 国境（　　）
⑧ 状態（　　）
⑨ 政治（　　）
⑩ 製造（　　）
⑪ 感謝（　　）
⑫ 編集（　　）
⑬ 武術（　　）
⑭ 肥料（　　）
⑮ 弁護（　　）

「術（じゅつ）」といいにくいから、つい「じつ」といってしまうね。
武術、忍術《にんじゅつ》、算術。

2

漢字の読み ②

月　日

正答数

問 /15問

次の漢字の読みがなを書きましょう。

① 基準（　　　）

② 耕作（　　　）

③ 資材（　　　）

④ 志望（　　　）

⑤ 提示（　　　）

⑥ 輸入（　　　）

⑦ 貿易（　　　）

⑧ 歴史（　　　）

⑨ 非常（　　　）

⑩ 招待（　　　）

⑪ 個性（　　　）

⑫ 国際（　　　）

⑬ 財団（　　　）

⑭ 証明（　　　）

⑮ 減税（　　　）

三字じゅく語にしてみよう。耕作地、招待状、国際線など。

3 漢字の読み ③

月　日

正答数　問 /15問

次の漢字の読みがなを書きましょう。

① 婦人（　　）

② 食堂（　　）

③ 成績（　　）

④ 暴風（　　）

⑤ 可能（　　）

⑥ 破格（　　）

⑦ 確率（　　）

⑧ 防衛（　　）

⑨ 永久（　　）

⑩ 快適（　　）

⑪ 救急（　　）

⑫ 旧知（　　）

⑬ 規則（　　）

⑭ 正解（　　）

⑮ 講演（　　）

「旧知」とは古くからの知り合いのこと。「旧」には古いという意味があるよ。

4 漢字の読み ④

月　日
正答数
問 /15問

次の漢字の読みがなを書きましょう。

① 豊富（　　）
② 経過（　　）
③ 証書（　　）
④ 許容（　　）
⑤ 情報（　　）
⑥ 居留（　　）
⑦ 断絶（　　）
⑧ 印象（　　）
⑨ 喜色（　　）
⑩ 移動（　　）
⑪ 賛成（　　）
⑫ 構造（　　）
⑬ 知識（　　）
⑭ 校舎（　　）
⑮ 航海（　　）

「居留」という言葉は今ではきかないね。日本では昔、居留地という、決められた区画にしか外国人は住むことができなかったんだ。

5

漢字の読み ⑤

月　日
正答数
問 /15問

次の漢字の読みがなを書きましょう。

① 出張（　　）

② 修理（　　）

③ 銅像（　　）

④ 文脈（　　）

⑤ 鉱山（　　）

⑥ 妻子（　　）

⑦ 飼育（　　）

⑧ 再び（　び）

⑨ 迷う（　う）

⑩ 桜（　　）

⑪ 厚い（　い）

⑫ 似る（　る）

⑬ 周囲（　　）

⑭ 貸す（　す）

⑮ 貧しい（　しい）

「鉱」と「銅」を見比べてみよう。同じ金へんだけど、右側のつくりによって読み方が変わるよ。

漢字の書き ①

月　日

正答数

問 /15問

次の漢字を書きましょう。

① げん いん

② えい ぎょう

③ り えき

④ えき たい

⑤ たい おう

⑥ きん がく

⑦ がん きゅう

⑧ ぎ じゅつ

⑨ はん ぎゃく

⑩ ぎ り

⑪ どく さつ

⑫ せい げん

⑬ げん ざい

⑭ ぞう かん

⑮ きん く

「年賀（ねんが）」は新年を祝うことだよ。年賀状は新年をお祝いする葉書だね。

7 漢字の書き ②

月　日

正答数　問 /15問

次の漢字を書きましょう。

① けっ　ぱく

② ふく　ざつ

③ めん　か

④ おり　もの

⑤ せつ　び

⑥ し　ぶ

⑦ ひょう　ばん

⑧ じょう　けん

⑨ じゅん　じょ

⑩ ぶっ　しつ

⑪ おう　ふく

⑫ ぶつ　ぞう

⑬ はん　ざい

⑭ うん　せい

⑮ ひ　よう

犯罪をおかしていない、無実であることを示すことを、
「潔白（けっぱく）を証明する」というよ。

8 漢字の書き ③

月　日
正答数
問 /15問

次の漢字を書きましょう。

① せつぞく
② さんそ
③ そくてい
④ へいきん
⑤ はそん
⑥ けんちく
⑦ ていど
⑧ ちょきん
⑨ しょうりゃく
⑩ りょうど
⑪ かめん
⑫ かかく
⑬ うんが
⑭ けんさ
⑮ あつりょく

ゆうちょ銀行は「ゆう便貯金」だね。民間の銀行などは「ふ通よ金」というよ。

9 漢字の書き ④

月　日

正答数　問 /15問

次の漢字を書きましょう。

① じゅ ぎょう

② き ふ

③ ふっ こう

④ こん ざつ

⑤ こ えだ

⑥ さい がい

⑦ さい よう

⑧ もう ふ

⑨ せき にん

⑩ ぼ ち

⑪ しょく む

⑫ む ちゅう

⑬ よ はく

⑭ ひ りつ

⑮ しゅっ ぱん

「職務（しょくむ）」は、受け持っている仕事や、役目のことだよ。

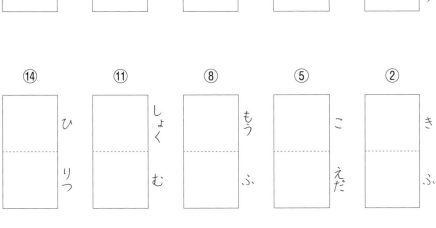

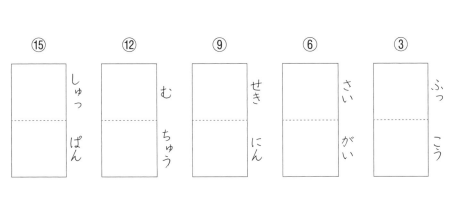

10 漢字の書き ⑤

月　日

正答数　問 /15問

次の漢字を書きましょう。

① ふう き

② どう にゅう

③ とう いつ

④ どく だん

⑤ こう こく

⑥ そ こく

⑦ そう ごう

⑧ せい しん

⑨ ぎょう せき

⑩ ゆ にゅう

⑪ ねん りょう

⑫ どう ざん

⑬ おお がた

⑭ か ふん

⑮ とく い

四字じゅく語ができるよ。④独断専行、⑧精神統一、⑩機会均等、⑮財産相続、⑮私有財産、国有財産

11 漢字のしりとり①

月　　日
正答数　　問／5問

次の□に漢字を書きましょう。

①　圧《あっ》勝《しょう》 → □《しょう》因《いん》 → □《いん》果《が》 → □《か》報《ほう》

②　応《おう》接《せつ》 → □《せっ》近《きん》 → □《きん》刊《かん》 → □《かん》行《こう》

③　可《か》能《のう》 → □《のう》弁《べん》 → □《べん》護《ご》 → □《ご》身《しん》

④　経《けい》過《か》 → □《か》失《しつ》 → □《しっ》神《しん》 → □《しん》経《けい》

⑤　教《きょう》授《じゅ》 → □《じゅ》業《ぎょう》 → □《ぎょう》種《しゅ》 → □《しゅ》類《るい》

「因果」は原因と結果のこと。因果関係、因果応報のように四字じゅく語になるよ。

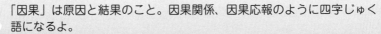

12

漢字のしりとり ②

月　日

正答数　問／5問

次の□に漢字を書きましょう。

①
仮《か》設《せつ》 → □《せつ》備《び》 → □《び》品《ひん》 → □《ひん》格《かく》

②
演《えん》出《しゅつ》 → □《しゅつ》現《げん》 → □《げん》在《ざい》 → □《ざい》校《こう》

③
炭《たん》酸《さん》 → □《さん》素《そ》 → □《そ》材《ざい》 → □《ざい》質《しつ》

④
絶《ぜっ》交《こう》 → □《こう》際《さい》 → □《さい》限《げん》 → □《げん》定《てい》

⑤
鉄《てっ》鉱《こう》 → □《こう》物《ぶつ》 → □《ぶっ》資《し》 → □《し》金《きん》

「鉱物」は地中で自然にできた金・銀・石英のようなもの。いくつかの鉱物が組み合わさったものは岩石とよばれるよ。

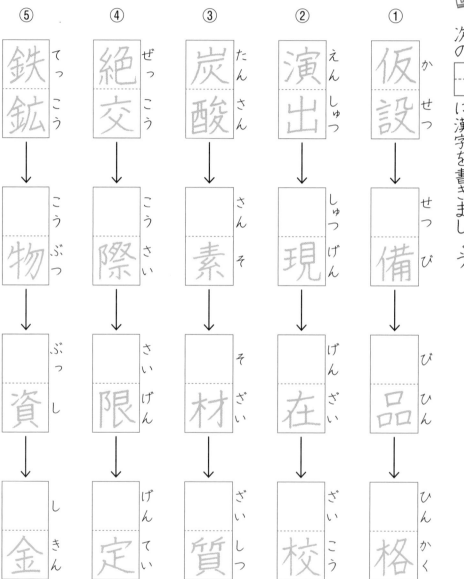

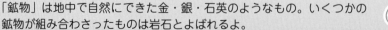

13 四字じゅく語①

月　日

正答数　問／8問

あてはまる言葉を［　］から選んで、四字じゅく語にしましょう。（　）に読みがなも書きましょう。

① 全知□□（　）

② 適材□□（　）

③ 一挙□□（　）

④ 暴飲□□（　）

⑤ 自画□□（　）

⑥ 再三□□（　）

⑦ 絶体□□（　）

⑧ 国際□□（　）

［ 両得　絶命　全能　再四　自賛　暴食　連合　適所 ］

①～⑦は同じ漢字が２回出てくる四字じゅく語だよ。⑦の「絶体絶命」を「絶対絶命」と書かないように気をつけよう。

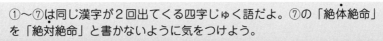

14 四字じゅく語②

月　日
正答数　問／8問

あてはまる言葉を［　］から選んで、四字じゅく語にしましょう。（　）に読みがなも書きましょう。

① 一刀□□（　　）

② 各駅□□（　　）

③ 右往□□（　　）

④ 賞味□□（　　）

⑤ 言語□□（　　）

⑥ 血液□□（　　）

⑦ 衛星□□（　　）

⑧ 独立□□（　　）

停車	両断	期限	左往	検査	道断	独歩	放送

④の「賞味期限」はおいしく食べられる期限、「消費期限」は品質の安全を保証する期限のことだよ。

四字じゅく語 ③

月　日
正答数
問／8問

あてはまる言葉を［　］から選んで、四字じゅく語にしましょう。（　）に読みがなも書きましょう。

① 反面［　］［　］（　）

② 修学［　］［　］（　）

③ 天気［　］［　］（　）

④ 予防［　］［　］（　）

⑤ 健康［　］［　］（　）

⑥ 天下［　］［　］（　）

⑦ 防災［　］［　］（　）

⑧ 液体［　］［　］（　）

保険　教師　旅行　予報　訓練　燃料　接種　統一

「天下」がつく四字じゅく語はたくさんあるよ。天下国家、三日天下、天下一品、一人天下。

16

四字じゅく語④

月　日

正答数　問／8問

あてはまる言葉を[　]から選んで、四字じゅく語にしましょう。（　）に読みがなも書きましょう。

①（　）不在□□

②（　）気象□□

③（　）植物□□

④（　）予行□□

⑤（　）講和□□

⑥（　）運転□□

⑦（　）快速□□

⑧（　）義務□□

採集	証明	観測	条約	電車	演習	教育	技術

不在証明＝アリバイ。犯行時間にその場所にいなかったことを証明することだよ。

じゅく語づくり①

月　日

正答数　問／4問

矢印の向きに二字のじゅく語ができます。□にあてはまる漢字を［　］から選んで書きましょう。

①
- ↑ 算
- ← 数
- → 流
- ↓ 風

②
- ↑ 久
- ← 遠
- → 続
- ↓ 住

③
- ↑ 査
- ← 定
- → 挙
- ↓ 便

④
- ↑ 去
- ← 大
- → 熱
- ↓ 信

逆　永　検　過

「逆」は逆行、逆転、逆走、逆上など。（さか）と読めば、逆子、逆夢など。

じゅく語づくり②

月　日

正答数　問／4問

矢印の向きに二字のじゅく語ができます。□にあてはまる漢字を□から選んで書きましょう。

①

	格	
金	□	材
	産	

②

	立	
学	□	力
	唱	

③

	集	
決	□	用
	算	

④

	分	
白	□	生
	波	

資　独　採　余

「独」はひとりの意味、独自、独身、独演会、独断など。

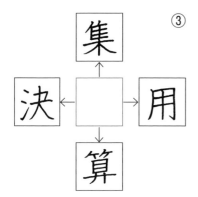

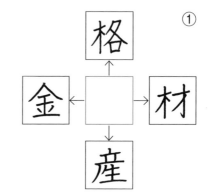

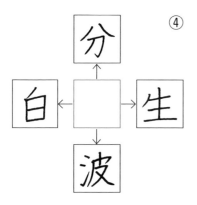

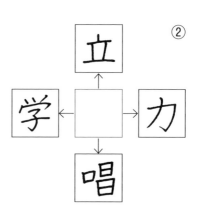

19 じゅく語づくり③

月　日

正答数　問／4問

矢印の向きに二字のじゅく語ができます。□にあてはまる漢字を［　］から選んで書きましょう。

①

	族	
武 →	□	→ 業
	気	

②

	省	
中 →	□	← 戦
	計	

③

	気	
電 →	□	← 水
	血	

④

	任	
義 →	□	← 実
	事	

務　略　士　圧

「圧」はおさえること、高圧、指圧、筆圧、変圧など。

じゅく語づくり④

月　日

正答数　問／4問

矢印の向きに二字のじゅく語ができます。□にあてはまる漢字を［　］から選んで書きましょう。

①
- 酸 → □
- 元 → □
- 炭 → □
- 塩 → □

②
- 友 → □
- 感 → □
- 愛 → □
- 表 → □

③
- 医 → □
- 教 → □
- 技 → □
- 講 → □

④
- 常 → □
- 意 → □
- 知 → □
- 博 → □

［識　素　情　師］

「識」は見分ける、意見という意味があるよ。学識、見識、有識、良識、面識など。

じゅく語づくり ⑤

月　日

正答数　問／4問

矢印の向きに二字のじゅく語ができます。□にあてはまる漢字を［　］から選んで書きましょう。

①

肉
↓
複 → □ → 光
↓
球

②

初
↓
実 → □ → 説
↓
技

③

理
↓
和 → □ → 説
↓
決

④

答
↓
熱 → □ → 当
↓
護

解　演　眼　弁

「演」は、主演、公演、演出、演歌など。

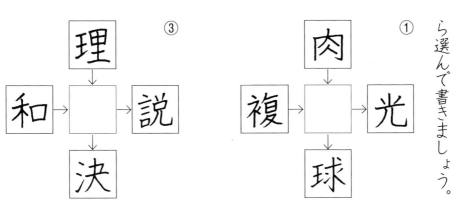

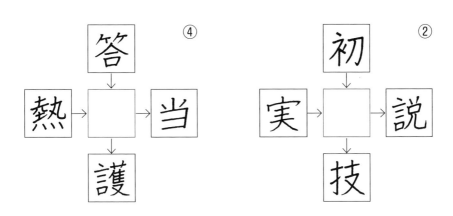

22 じゅく語づくり ⑥

月　日

正答数　問／4問

矢印の向きに二字のじゅく語ができます。□にあてはまる漢字を[　]から選んで書きましょう。

①
- 上：好 → □
- 左：書 → □
- □ → 右：価
- □ → 下：判

②
- 上：開 → □
- 左：増 → □
- □ → 右：置
- □ → 下：備

③
- 上：統 → □
- 左：規 → □
- □ → 右：度
- □ → 下：服

④
- 上：構 → □
- 左：改 → □
- □ → 右：成
- □ → 下：園

造　評　設　制

「制」は、圧制、規制、制止、制限など。

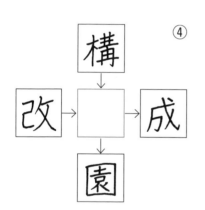

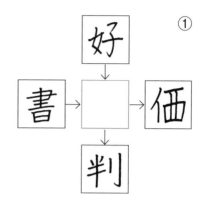

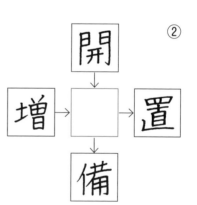

23 送りがな①

月　日
正答数　問／10問

送りがなの正しい方を□に書きましょう。

① 移る／移つる　□

② 易い／易しい　□

③ 過る／過ぎる　□

④ 確める／確かめる　□

⑤ 慣る／慣れる　□

⑥ 久い／久しい　□

⑦ 現れる／現われる　□

⑧ 構る／構える　□

⑨ 混る／混じる　□

⑩ 支る／支える　□

「易」は、（えき）と読む方が多いね。貿易、易者。

24 送りがな ②

月　日

正答数　問 /10問

送りがなの正しい方を□に書きましょう。

① 示す　示めす

② 修る　修める

③ 招く　招ねく

④ 勢い　勢おい

⑤ 責る　責める

⑥ 快い　快よい

⑦ 述る　述べる

⑧ 導く　導びく

⑨ 破る　破ぶる

⑩ 留る　留める

漢字は音《おん》読みしてじゅく語にすることが多いね。訓読みのときは送りがなに気をつけよう。

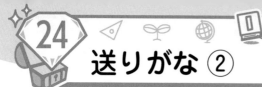

25 慣用句 ①

月　日
正答数
問／6問

次の慣用句《かんようく》の意味を線で結びましょう。

① 足がつく　・　　・ ㋐ 歩きつかれる。

② 足が出る　・　　・ ㋑ 何かが手がかりとなって、犯人《はんにん》がわかる。

③ 足がぼうになる　・　　・ ㋒ 出費《しゅっぴ》が予算をこえる。

④ 足をあらう　・　　・ ㋓ すきにつけこみ、失敗させる。

⑤ 足をすくう　・　　・ ㋔ よくない仕事をやめる。

⑥ 足を引っぱる　・　　・ ㋕ ものごとの進行のじゃまをする。

体の部分に関する慣用句はたくさんあるよ。辞書をひいてみよう。

26 慣用句 ②

月　日

正答数　問／6問

次の慣用句《かんようく》の意味を線で結びましょう。

① ふくろのねずみ
② 馬が合う
③ さばを読む
④ すずめのなみだ
⑤ つるの一声
⑥ ねこなで声

㋐ 気が合う。
㋑ 数をごまかす。
㋒ にげ場のない状態《じょうたい》。
㋓ 実力者の一言で全部が決まってしまうこと。
㋔ ほんのわずかなこと。
㋕ 人のきげんをとるようなやさしい声。

「ねこ」「犬」「牛」の慣用句も多いよ。他の動物はどうかな？

27 対義語

月　日

正答数　問／8問

次の言葉と反対の意味の言葉を［　］から選んで書きましょう。

① 増加 ↕ ［　　］

② 最初 ↕ ［　　］

③ 損失 ↕ ［　　］

④ 落選 ↕ ［　　］

⑤ 天然 ↕ ［　　］

⑥ 賛成 ↕ ［　　］

⑦ 輸入 ↕ ［　　］

⑧ 成功 ↕ ［　　］

当選　最後　輸出　失敗　減少　利益　人工　反対

対義語には、最初・最後のように１文字だけ反対の意味の漢字の場合と、増加・減少のように２文字とも反対の意味の漢字の場合があるよ。

類義語

次の言葉と意味が似ている言葉を□から選んで書きましょう。

① 注意―

② 同意―

③ 意外―

④ 首都―

⑤ 保養―

⑥ 長所―

⑦ 回答―

⑧ 風景―

用心　美点　返事　首府　静養　賛成　案外　光景

似た意味の言葉をさがすのは意外にむずかしい。辞書で確かめてみよう。

29 同音異義語

月　日

正答数　問／6問

次の文の□に、あてはまる漢字を書きましょう。

①
□□《いし》の強い人。
□□《いし》が手術《しゅじゅつ》する。

②
□□《えんげい》植物。
□□《えんげい》大会。

③
天気は□□《かいせい》です。
規則《きそく》を□□《かいせい》する。

④
町内会の□□《かいちょう》。
車は□□《かいちょう》に走る。

⑤
東京を□□《かんこう》する。
絵本を□□《かんこう》する。

⑥
夏に□□《きせい》する。
□□《きせい》虫がいる。

（いし）は、医師、意志、意思などがあるよ。それぞれどんな意味かな？

30 同訓異字

月　日

正答数　問／6問

次の文の□に、あてはまる漢字を書きましょう。

①
文章を□《なお》す。
病気を□《なお》す。

②
大声で□《な》く。
小鳥が□《な》く。

③
字を書き□《うつ》す。
荷物を□《うつ》す。

④
国を□《おさ》める。
学問を□《おさ》める。

⑤
□《あつ》い夏。
□《あつ》いお湯。

⑥
紙が□《やぶ》れる。
試合に□《やぶ》れる。

どの漢字を選ぶかは、小学生用の辞書でさがそう。

31

敬語 ①

月　日

正答数　問／6問

次の言い方で、敬《うやま》った言い方には㋐、ていねいな言い方には㋑、へりくだった言い方には㋒を書きましょう。

① 先生のところへ参ります。（　）

② 先生は料理をめしあがりました。（　）

③ 絵本を読みましょう。（　）

④ 先生がいらっしゃいました。（　）

⑤ わたしが、そのことを申し上げた。（　）

⑥ わたしの名前は西村はじめです。（　）

敬語はむずかしいね。それぞれの動作をするのはだれかを考えよう。
相手の動作を敬い、自分の動作をへりくだるよ。

敬語②

月　日
正答数
問／4問

——の言葉を、文にあうように書き直しましょう。

①
明日の音楽祭に、ぜひ来て□□□□。
くれ（ていねいな言い方）

②
そのテレビ番組は、よく□□□□□□□□□。
見るか（敬《うやま》った言い方）

③
□□□□□おつりをまちがえた。
返した（へりくだった言い方）

④
店主は、お客さんに□□□□□。
言った（ていねいな言い方）

言葉が入るます目の数がヒントだよ。

33

名詞 ①

月　日

正答数

問 /12問

次の言葉のうち、ふつうの名詞《めいし》には㋐、固有名詞には㋑、数詞には㋒、代名詞には㋓を書きましょう。

① 川（　　）

② パリ（　　）

③ 一本（　　）

④ 校庭（　　）

⑤ エジプト（　　）

⑥ あれ（　　）

⑦ 先生（　　）

⑧ 三番（　　）

⑨ ぼく（　　）

⑩ ナイル川（　　）

⑪ 五時（　　）

⑫ きみ（　　）

わかりやすい名詞から考えよう。数詞には必ず数を表す言葉が入っているよ。

34 名詞 ②

月　日

正答数　問 /10問

言葉の形を変えて名詞《めいし》にしましょう。

① 作る ↓

② 好む ↓

③ 動く ↓

④ 走る ↓

⑤ ゆがむ ↓

⑥ すすぐ ↓

⑦ 速い ↓

⑧ 青い ↓

⑨ 大きい ↓

⑩ 美しい ↓

名詞といわれてもむずかしいね。
ヒント：あの池は青い。あの池の青さがすばらしい。

動詞 ①

月　日
正答数
問／6問

（　）の言葉を文にあう形に変えて書きましょう。

① （泣く）妹は転んでも、□なかった。

② （歩く）速く□ば、バスに間に合う。

③ （聞く）注意をよく□て行動する。

④ （遊ぶ）友だちと仲良く□でいた。

⑤ （帰る）暗くなったので□うと思う。

⑥ （話す）今から真実を□う。

動詞は送りがなの部分が変化するよ。

動詞 ②

月　日

正答数　問／6問

――の言葉を、文にあうように書きましょう。

① 氷がとける。
氷を□□□。

② 芽が出る。
芽を□□。

③ 水が流れる。
水を□□。

④ 火が□□□。
火を消す。

⑤ 花が□□。
花を育てる。

⑥ こまが□□。
こまを回す。

車が動く。車を動かす。「○○が」というか「○○を」というかで動詞の形が変わるんだね。

37 形容詞 ①

月　日

正答数

問／6問

次の文の中で、形容詞《けいようし》に——を引きましょう。

① なつかしい古里に着いた。

② 赤いチューリップの花が、たくさんさいた。

③ 日本一高い山は、富士山《ふじさん》だ。

④ 君がかいた絵は、すばらしい。

⑤ あたたかい春が、だんだん近づく。

⑥ 美しい野原に、白い花がさきほこる。

形容詞は「〜い」の形だね。
④の形容詞は見つけられたかな？　述語になっているよ。

38 形容詞 ②

月　日　正答数　問／6問

（　）の言葉を文にあう形に変えて書きましょう。

① （はげしい）　風が□□□□なった。

② （冷たい）　水はとても□□□□た。

③ （こわい）　お化けなんか□□□□い。

④ （暑い）　気温が上がり□□なる。

⑤ （赤い）　イチゴの実が□□なる。

⑥ （高い）　あの山は、そんなに□□ない。

形容詞も言葉の形が変化するよ。ます目にあわせてつくろう。

39

形容動詞

月　日

正答数

問／6問

次の文の中で、形容動詞《けいようどうし》に——を引きましょう。

①　教室の中は、とても静かだ。

②　お年寄《としよ》りを大切にしよう。

③　入り口に、きれいな花があった。

④　春の山は、とてものどかだ。

⑤　少女は、悲しそうにしていた。

⑥　川の流れは、とてもきれいだ。

②〜⑤の形容動詞を見つけられたかな？　言い切りの形が「だ」で終わることばをさがすよ。

40 副詞

月　日

正答数　問／6問

次の文の中で、副詞《ふくし》に――を引きましょう。

① 病気が治り、すっかりよくなる。

② 春の小川は、ゆっくり流れる。

③ たいこをドンドンたたく。

④ かなり速いスピードで進んでいる。

⑤ 雨がしとしとふり出した。

⑥ 父は、とてもせが高い。

副詞はようすをあらわす言葉だよ。でも形容詞や形容動詞とちがって、活用もしないし、述語にもならないんだよ。

41

文の組み立て①

月　日

正答数　問／5問

次の文の主語に――を、述語《じゅつご》に〜〜〜を引きましょう。

① 牛は、牧草を食べる。

② 両親は、もうすぐ来ます。

③ 君とぼくが、その試験を受けます。

④ 花びらが、そっと水面にうかぶ。

⑤ きれいだな、菜の花は。

①〜④は、述語が文の終わりにあるよ。⑤は、文がひっくりかえっているから気をつけて。

42

文の組み立て ②

月　日

正答数

問／5問

次の文の主語に――を、述語《じゅつご》に～～を引きましょう。

① 花はさき、鳥はさえずる。

② 兄は先生になり、弟は医者になった。

③ 風がふいて、雨がふりだした。

④ 妹が泣き、姉は妹をなぐさめた。

⑤ 学級会が開かれ、運動会の選手が決まる。

①から⑤のどの文にも、主語と述語が２つずつあるよ。２つの文がつながって１つの文になっているね。

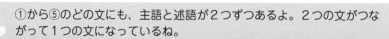

文の組み立て ③

次の文章を文図で表しましょう。

① 母が買ってくれたぼうしは、青い。

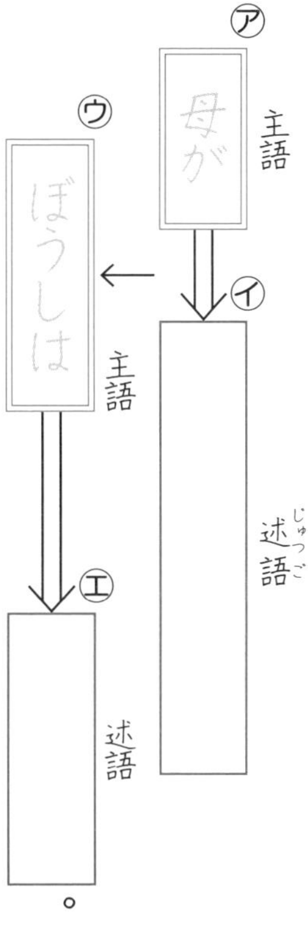

② 父が作った曲が、会場に流れた。

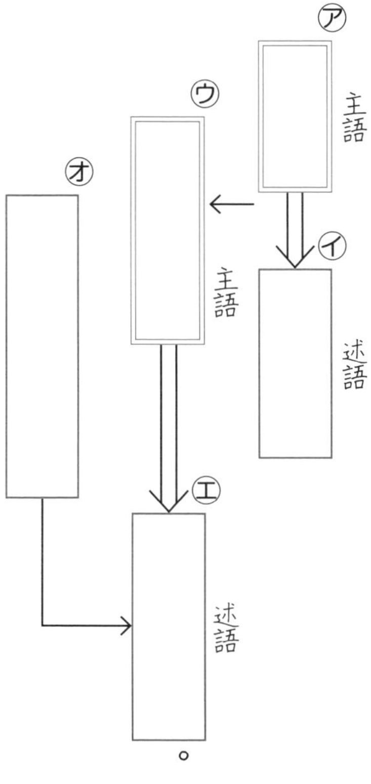

「主語＋述語」が、次の述語の主語の説明をしているよ。

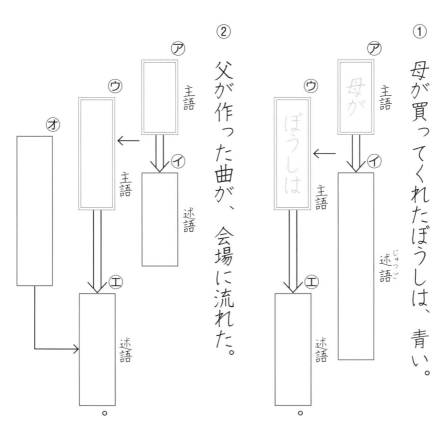

文の組み立て ④

月　日

正答数　問／8問

次の文章を文図で表しましょう。

① 姉は、妹が笑っているのを見ていた。

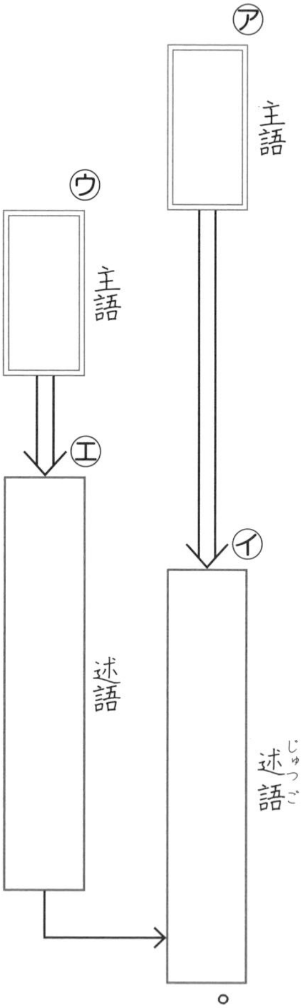

② 兄は、弟が走るようすを見守った。

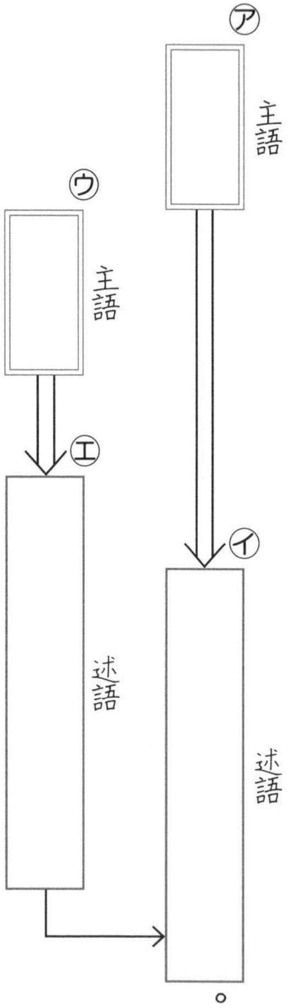

文全体の主語と述語の間に、もう１つの「主語＋述語」の文が、はさみこまれているね。

接続語 ①

月　日

正答数　問／5問

次の□にあてはまる言葉を⬚から選んで書きましょう。

① 朝は雨がふった□□、午後からは晴れた。

② 兄は体が大きい□、力も強い。

③ 大雨がふった□□、遠足はえん期になった。

④ もっと練習すれ□、逆《さか》上がりができそうだ。

⑤ 何度やり直し□□、正しい答えにならない。

のに　ので　ても　し　ば

1字のます目と2字のます目があるね。これもあてはまる言葉を見つけるときのヒントになるよ。

接続語 ②

月　日

正答数　問／5問

次の□にあてはまる言葉を[　]から選んで書きましょう。

① 熱が三十八度もあった。□、学校を休んだ。

② 熱が三十八度もあった。□、学校へは行った。

③ 熱が三十八度もあった。□、せきも出た。

④ 今日、学校を休んだ。□、熱が高かったからだ。

⑤ そばにしますか。□、うどんにしますか。

それとも　なぜなら　それで　そして　しかし

あてはまる言葉が書けたら、声に出して読んでみよう。おかしなつながりの文はないかな？

47 和語・漢語・外来語①

月　日

正答数　問 /12問

次の言葉は、㋐和語、㋑漢語、㋒外来語のどれですか。記号で答えましょう。

① 発表（　　）

② ボトル（　　）

③ 初雪（　　）

④ スキー（　　）

⑤ 雨戸（　　）

⑥ 行進（　　）

⑦ 旅館（　　）

⑧ ホテル（　　）

⑨ 宿屋（　　）

⑩ 夏山（　　）

⑪ 登山（　　）

⑫ スープ（　　）

外来語はカタカナだからすぐにわかるね。和語と漢語の区別はどうかな？　和語は訓読み、漢語は音読みだよ。

和語・漢語・外来語 ②

月　日

正答数　問／6問

次の言葉で、漢語の読み方を（　）に、和語の読み方を〔　〕に書きましょう。

	漢語	和語
① 風車	（　）	〔　〕
② 年月	（　）	〔　〕
③ 草原	（　）	〔　〕
④ 色紙	（　）	〔　〕
⑤ 国境	（　）	〔　〕
⑥ 市場	（　）	〔　〕

和語は２つの言葉に分けられるよ。「かぜ＋くるま」「とし＋つき」のようにね。

1 あなたの名前は?

月　日

正答数

問／2問

1 Bさんの名前を、㋐～㋒から選んで、（　）に○をつけましょう。

A　How do you spell your name?

〔あなたの名前はどのように書きますか。〕

B　J-o-h-n.

㋐（　）Joan　㋑（　）John　㋒（　）Koharu

2 名前をたずねる会話文をなぞりましょう。空いているところには、あなたの名前をあてはめて書きましょう。

What's your name?

〔あなたの名前は何ですか。〕

I'm (　　　　　　　　).

〔わたしの名前は（　　　　　　　　）です。〕

spellとはつづりのこと。名前の書き方を聞いているんだね。

2 好きなものを答える

月　日

正答数　問／2問

1　好きな動物をたずねる会話文です。好きな動物を［　　］から選んで(　　)に書き、文をなぞりましょう。

What animal do you like?

〔あなたが好きな動物は何ですか。〕

I like (　　　　　　　　　　).

dogs　　cats　　lioness　　elephants　　rabbits

2　好きなものをたずねる会話文をなぞって、声に出して読みましょう。

A　Do you like baseball?

〔野球は好きですか。〕

B　No, I don't.

〔いいえ、好きではありません。〕

カバは英語でhippopotamusだよ。日本語とぜんぜんちがうね。

3 行事

月　日
正答数
問／1問

A　夏祭りに何をするかについての会話文をなぞりましょう。

A　When is the Summer Festival?

〔夏祭りはいつですか。〕

B　It's August 3rd.

〔8月3日です。〕

What do you do?

〔(夏祭りで) 何をしますか。〕

A　I eat shaved ice!

〔かき氷を食べます。〕

I usually do bon dancing.

〔わたしはよくぼんおどりをします。〕

3月は英語でMarch。戦いの神様Marsからきているよ。

4 たん生日を伝えよう!

月　日

正答数

問／1問

A　たん生日をたずねる会話文をなぞりましょう。下の表を見て、(　　)にはあなたのたん生日を書きましょう。

When is your birthday?

My birthday is

(　　　　　　)(　　　　　　).

月　　　　　　日

〈月〉

1月	January	7月	July
2月	February	8月	August
3月	March	9月	September
4月	April	10月	October
5月	May	11月	November
6月	June	12月	December

〈日〉

1st 2nd 3rd 4th 5th 6th 7th 8th 9th 10th
11th 12th 13th 14th 15th 16th 17th 18th
19th 20th 21st 22nd 23rd 24th 25th 26th
27th 28th 29th 30th 31st

日にちの書き方は二通りあるよ。〈例〉9日…9th/ninth

5 A

月　日

正答数　問／3問

ほしいものは何?

1　たん生日にほしいものをたずねる会話文をなぞりましょう。

What do you want for your birthday?

〔たん生日に何がほしいですか。〕

I want a new bicycle.

〔新しい自転車がほしいです。〕

2　次の2人がほしいものとイラストを線で結びましょう。

① I want a piano.

Ⓐ

② I want a camera.

Ⓑ

ほしいものは何かな? 考えてみようね。

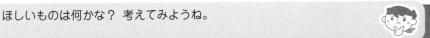

6 学校生活

月　日

正答数　問／2問

A　どの授業《じゅぎょう》が何曜日にあるかを話している会話文です。後の問いに答えましょう。

A　What do you study on Fridays?

B　I study English.

A　I study science on Tuesday.

(1)　上の文をなぞりましょう。

(2)　文にあうように、曜日と教科を線で結びましょう。

①　火曜日　•	•　㋐　理科
②　金曜日　•	•　㋑　英語

曜日は最初の3文字にピリオドを打った、省略の形で書くこともあるよ。
Mon. Toe. Wed. Thu. Fri. Sat. Sun.

7

何を食べようかな

月　日
正答数
問／2問

1　お昼ご飯に食べたいものをたずねる会話文をなぞりましょう。

A　What do you want for lunch?

〔お昼ご飯は何を食べたいですか。〕

B　I want sandwiches.

〔サンドイッチが食べたいです。〕

2　レストランでの店員と客の会話です。なぞって、（　）には好きなものを下から選んで書きましょう。

店員　What would you like?

客　I'd like (　　　　　　).

a curry and rice	spaghetti	pizza	a hamburger

I'd likeは、I would likeを省略したかたちだよ。

8 お会計はいくら？

月　日

正答数　問／2問

1 レストランでお会計をするときの、店員と客の会話文をなぞりましょう。

客　How much is it?

〔おいくらですか。〕

店員　A salad is 650 yen.

〔サラダが650円です。〕

2 くだものを買う客と店員の会話文です。店員の言った料金になる組み合わせを選んで、（　）に○をつけましょう。

客　How much is it?

店員　It is five hundred eighty yen.

㋐（　）one apple and one peach

㋑（　）four lemons

㋒（　）two oranges and one lemon

料金表

one apple…280yen	one lemon…160 yen
one peach…300yen	one orange…260yen

日本のお金の単位はyen（円）、アメリカではdollar、イギリスではpoundだよ。

9

A

1日の生活、何してる？

月　日

正答数　問／3問

1　何時にねるかたずねる会話文です。なぞりましょう。

What time do you go to bed?

〔何時にねますか。〕

I always go to bed
at 9:00 p.m.

〔いつも午後９時にねています。〕

2　次の文を読んで、後の問いに答えましょう。

Hello, I'm John.
I get up at 6:00.
I walk the dog at 6:30.
I go to school at 8:00.
Thank you!

①　何時に起きていますか。（　　：　　）

②　何時に学校へ行っていますか。（　　：　　）

go to bed…ベッドに行く＝ねるという意味だね。

10 さがしもの

A

月　日

正答数　問／4問

1 ボールがどこにあるのかを示《しめ》す文です。イラストとあう文を線で結びましょう。

① 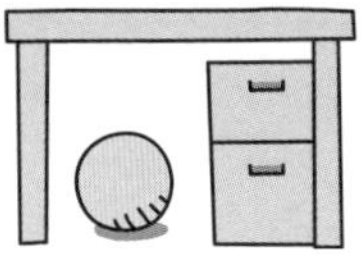 •　　• Ⓐ The ball is on the desk.

② 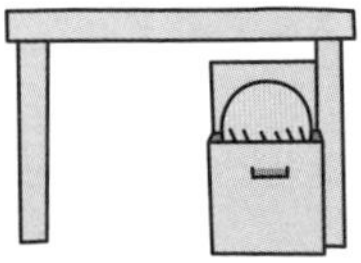 •　　• Ⓑ The ball is in the desk.

③  •　　• Ⓒ The ball under the desk.

2 次の文が指しているものはどれですか。絵を選んで○で囲《かこ》みましょう。

It's under the bed.

inはものがどんな状態にあるときかな？

11 どこにあるかな？

月　日

正答数　問／2問

1　どう進むかを伝える文をなぞりましょう。

Go straight.

〔まっすぐ進んで。〕

Turn right.

〔右に曲がって。〕

Turn left.

〔左に曲がって。〕

2　動物園に行くのに、どのように進みましたか。図に矢印を書きこみましょう。

Where is the zoo?
Go straight.
Turn right at the second corner.

自分の家から近くの建物までの案内を、英語でしてみよう。

12 できることを伝えよう

月　日
正答数
問／2問

1 自分ができることについての会話文です。なぞりましょう。

A I can swim fast.

〔わたしは速く泳げます。〕

How about you?

〔あなたはどうですか。〕

B I can't swim fast.

〔わたしは速く泳げません。〕

2 次の文を読んで、Yukiさんができることに○をつけましょう。

Hi, I'm Yuki.
I can't run fast.
I can play the piano.

㋐（　　）play the piano

㋑（　　）run fast

㋒（　　）play the guitar

自分ができることを考えて、言ってみよう。

13 A 家族や友だちのしょうかい

月　日
正答数　問／2問

A　写真の男性《だんせい》について、Koharuさんが Johnさんに質問《しつもん》しています。後の問いに答えましょう。

Koharu　Who is he?

〔かれはだれですか。〕

John　He is Mike.

He is my father.

〔かれはマイク。わたしのお父さんです。〕

My father is a firefighter.

〔お父さんは、消防士《しょうぼうし》です。〕

(1)　二人の会話文をなぞりましょう。

(2)　写真の男性について、あてはまるものに○をつけましょう。答えは一つとは限《かぎ》りません。

①　(　　) He is John's father.

②　(　　) He is Koharu's mother.

③　(　　) He is a police officer.

④　(　　) He is a firefighter.

あなたの友だちはどんな人かな？ しょうかいしてみよう。

14 行きたい国

月　日

正答数 問／2問

A 行きたい国をたずねる会話文です。空いているところには、あなたが行きたい国やその理由を下から選んで書き、なぞりましょう。

Where do you want to go?〔どこに行きたいですか。〕

I want to go to (　　　　　　).

Why?〔どうしてですか。〕

I want to (

　　　　　　　　　　).

〈国〉

America〔アメリカ〕 Italy〔イタリア〕 China〔中国〕
Kenya〔ケニア〕 Germany〔ドイツ〕

〈理由〉

visit the Statue of Liberty〔自由の女神像を観光する〕
eat pizza〔ピザを食べる〕 see pandas〔パンダを見る〕
see lioness〔ライオンを見る〕
eat sausages〔ソーセージを食べる〕

アメリカはAmericaのほか、the USA、the U.S.という言い方があるよ。

算数

1 整数の見方 ①

1 ①

A	1	3	5	7	9	11	13	15	17	19
B	2	4	6	8	10	12	14	16	18	20

② 0…1　　1…1　　7…1
　1　　2　　8

③ A，B

2 偶数（0，36，48，304）
奇数（19，53，407，661）

2 整数の見方 ②

1 ① 偶数　② 偶数
③ 偶数　④ 奇数
⑤ 偶数　⑥ 奇数
⑦ 奇数　⑧ 偶数

2 ① 3，⑥，9，⑫，15，⑱，21，㉔，27
② ⑥，⑫，⑱，㉔，㉚，㊱，㊷，㊽，(54)
③ 偶数

3 倍数と約数 ①

1 ① 12，24，36　② 8，16，24
③ 20，40，60

2 ① 20　② 28　③ 10
④ 12　⑤ 18　⑥ 30

3 ○でかこむもの
① 1，2，3，6　② 1，7
③ 1，2，4，8
④ 1，3，9
⑤ 1，2，5，10　⑥ 1，11
⑦ 1，2，3，4，6，12
⑧ 1，13

4 倍数と約数 ②

1 ① 12の約数
①②③④ 5 ⑥ 7 8 9 10 11 ⑫
② 18の約数
①②③ 4 5 ⑥ 7 8 ⑨ 10 11 12 13 14 15 16 17 ⑱
③ 1，2，3，6

2 ① 1　② 1，2，4，8
③ 1，2，4　④ 1，5

3 ① 4　② 5　③ 6
④ 7　⑤ 5　⑥ 3

5 最小公倍数と通分

1 ① 6　② 10　③ 9
④ 8　⑤ 12　⑥ 42

2 ① $\frac{3}{6}$，$\frac{2}{6}$　② $\frac{5}{10}$，$\frac{4}{10}$
③ $\frac{3}{9}$，$\frac{1}{9}$　④ $\frac{2}{8}$，$\frac{3}{8}$
⑤ $\frac{3}{12}$，$\frac{2}{12}$　⑥ $\frac{3}{42}$，$\frac{4}{42}$

6 等しい分数 ①

1 ① $\frac{12}{24}=\frac{6}{12}=\frac{4}{8}=\frac{3}{6}=\frac{1}{2}$
② $\frac{12}{18}=\frac{6}{9}=\frac{4}{6}=\frac{2}{3}$
③ $\frac{18}{24}=\frac{9}{12}=\frac{6}{8}=\frac{3}{4}$

2 ① $\frac{2}{5}$　② $\frac{2}{5}$　③ $\frac{2}{5}$
④ $\frac{3}{4}$　⑤ $\frac{3}{5}$　⑥ $\frac{2}{7}$
⑦ $\frac{2}{5}$　⑧ $\frac{2}{5}$
⑨ $\frac{2}{5}$　⑩ $\frac{8}{9}$

7 等しい分数 ②

① $\frac{7}{14}$，$\frac{6}{14}$　② $\frac{25}{30}$，$\frac{24}{30}$
③ $\frac{36}{45}$，$\frac{35}{45}$　④ $\frac{8}{28}$，$\frac{7}{28}$

⑤ $\frac{3}{6}$, $\frac{5}{6}$　⑥ $\frac{16}{20}$, $\frac{17}{20}$

⑦ $\frac{35}{42}$, $\frac{37}{42}$　⑧ $\frac{12}{18}$, $\frac{13}{18}$

⑨ $\frac{20}{24}$, $\frac{3}{24}$　⑩ $\frac{9}{30}$, $\frac{8}{30}$

⑪ $\frac{14}{24}$, $\frac{3}{24}$　⑫ $\frac{4}{30}$, $\frac{5}{30}$

⑬ $\frac{6}{20}$, $\frac{5}{20}$　⑭ $\frac{18}{28}$, $\frac{7}{28}$

8 分数のたし算 ①

① $\frac{13}{15}$　② $\frac{7}{12}$　③ $\frac{17}{20}$　④ $\frac{3}{4}$

⑤ $\frac{7}{8}$　⑥ $\frac{5}{6}$　⑦ $\frac{13}{24}$　⑧ $\frac{11}{18}$

⑨ $\frac{13}{20}$　⑩ $\frac{11}{12}$

9 分数のたし算 ②

① $\frac{19}{24}$　② $\frac{23}{36}$　③ $\frac{7}{12}$　④ $\frac{5}{6}$

⑤ $\frac{11}{12}$　⑥ $\frac{5}{14}$　⑦ $3\frac{13}{15}$　⑧ $2\frac{17}{20}$

10 分数のひき算 ①

① $\frac{1}{6}$　② $\frac{1}{12}$　③ $\frac{7}{20}$　④ $\frac{3}{8}$

⑤ $\frac{2}{9}$　⑥ $\frac{3}{8}$　⑦ $\frac{9}{20}$　⑧ $\frac{5}{18}$

⑨ $\frac{19}{30}$　⑩ $\frac{9}{20}$

11 分数のひき算 ②

① $\frac{7}{10}$　② $\frac{3}{20}$　③ $\frac{10}{21}$　④ $\frac{9}{14}$

⑤ $\frac{3}{10}$　⑥ $\frac{5}{6}$　⑦ $1\frac{1}{20}$　⑧ $\frac{11}{12}$

12 小数のかけ算 ①

1 $2.4 \times 4.7 = 11.28$　答え　11.28dL

2 ① 32.43　② 20.72　③ 80.04
④ 87.42　⑤ 1.248　⑥ 3.441
⑦ 6.552　⑧ 6.432

3 ㋑

13 小数のかけ算 ②

① 12.663　② 26.166　③ 56.163
④ 26.226　⑤ 15.842　⑥ 35.424
⑦ 15.573　⑧ 37.344　⑨ 12.482
⑩ 2.3121　⑪ 4.5741　⑫ 6.045

14 小数のわり算 ①

1 $200 \div 0.8 = 250$　答え　250円

2 ㋐, ㋓

3 ① 0.9　② 0.3　③ 0.9
④ 0.5　⑤ 0.8　⑥ 0.5

15 小数のわり算 ②

① 8　② 0.8　③ 7
④ 1.4　⑤ 5.9　⑥ 2.5
⑦ 1.6…0.18　⑧ 2.3…0.17
⑨ 3.4…0.09

16 小数のわり算 ③

① 1.2　② 2.5　③ 3.5
④ 3.2　⑤ 1.6　⑥ 2.5
⑦ 1.75　⑧ 2.25

17 小数のわり算 ④

① 16.8　② 25.2
③ 21.5　④ 48.3

18 三角形・四角形の合同 ①

1 ① 三角形CDA
② 三角形CDB

2 (例)

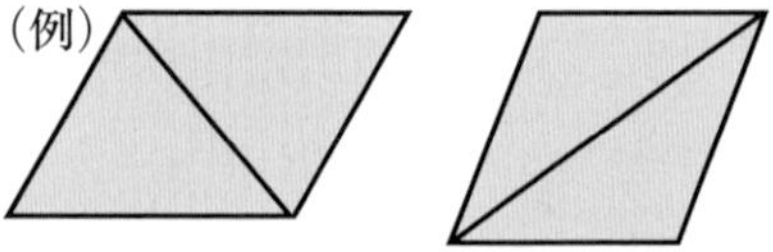

19 三角形・四角形の合同 ②

図はちぢめてあります。

①

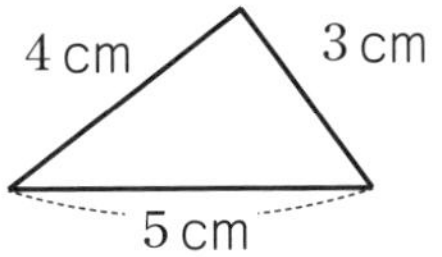

②

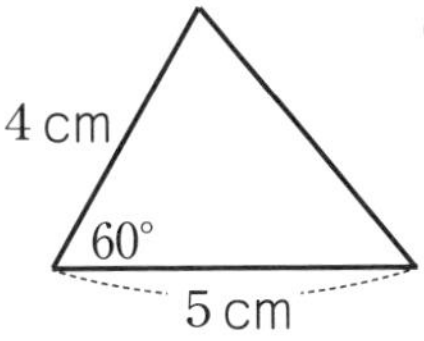

③

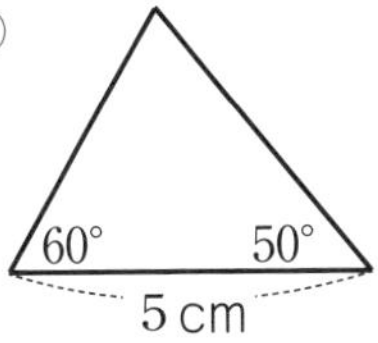

20 多角形の角 ①

① $180-(70+65)=45$　答え　45°

② $180-(75+50)=55$　答え　55°

③ ㋐　$180-115=65$　答え　65°

㋑　$180-(30+65)=85$　答え　85°

21 多角形の角 ②

1 $180\times 3=540$　答え　540°

2 ①　$180\times 4=720$　答え　720°

②　$180\times 5=900$　答え　900°

22 正多角形をかく ①

①

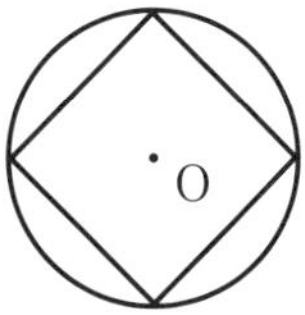

②

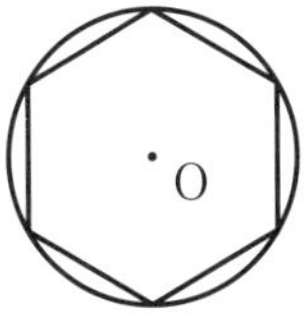

23 正多角形をかく ②

① $360\div 3=120$　答え　120°

② $360\div 6=60$　答え　60°

③ $360\div 8=45$　答え　45°

24 円周の長さ ①

① $5\times 3.14=15.7$　答え　15.7cm

② $6\times 3.14=18.84$　答え　18.84cm

③ $1.8\times 2\times 3.14=11.304$

答え　11.304cm

25 円周の長さ ②

① $6\times 3.14\div 2+6=15.42$

答え　15.42cm

② $6\times 3.14\div 4\times 3+6=20.13$

答え　20.13cm

③ $6\times 3.14\div 3\times 2+6=18.56$

答え　18.56cm

④ $6\times 3.14\div 6\times 5+6=21.7$

答え　21.7cm

（別の式で解いてもかまいません）

26 図形の面積 ①

① $9\times 4\div 2=18$　答え　18cm^2

② $6\times 6\div 2=18$　答え　18cm^2

③ $7\times 4\div 2=14$　答え　14cm^2

④ $12\times 8\div 2=48$　答え　48cm^2

27 図形の面積 ②

① $18\times 14\div 2=126$　答え　126cm^2

② $27\times 24\div 2=324$　答え　324cm^2

③ $36\times 28\div 2=504$　答え　504cm^2

28 図形の面積 ③

① $16\times 8=128$　答え　128cm^2

② $12\times 12=144$　答え　144cm^2

③ $18\times 9=162$　答え　162cm^2

④ $14\times 18=252$　答え　252cm^2

29 図形の面積 ④

1 ①　$(6+10)\times 6\div 2=48$

答え　48cm^2

②　$(20+8)\times 12\div 2=168$

答え　168cm^2

[2]　18×12÷2＝108　　答え　108cm^2

30　角柱と円柱 ①

① 正六角形　　② 六角柱
③ 面キクケコサシ　　④ 6個
⑤ 長方形　　⑥ 4組
⑦ 6本　　⑧ 5本
⑨ 3本

31　角柱と円柱 ②

[1]　① 円柱　② 五角柱　③ 三角柱
[2]　① 四角柱（直方体）　② 円柱
　　③ 六角柱　④ 三角柱

32　体積 ①

[1]　①　5×5×5＝125
　　　答え　125m^3
　　②　0.7×0.8×0.6＝0.336
　　　答え　0.336m^3
[2]　20×10×5＝1000
　　　答え　1000cm^3，1L

33　体積 ②

①　4×6×2＝48　　6×2×2＝24
　48＋24＝72　　答え　72cm^3
②　7×8×3＝168　　4×5×3＝60
　168－60＝108　　答え　108cm^3
③　3×5×4＝60　　2×3×2＝12
　60－12＝48　　答え　48cm^3
④　4×4×4＝64　　4×4×2＝32
　4×2×5＝40
　64＋32＋40＝136　　答え　136cm^3
（別の式で解いてもかまいません）

34　平均 ①

[1]　180×2＋120×2＋0＋0＝600
　600÷6＝100　　答え　100g
[2]　3.2＋3.4＋2.6＋2.6＋0＋3.8＝15.6
　15.6÷6＝2.6　　答え　2.6km

35　平均 ②

[1]　2.6×2＋2.9＋3.1＝11.2
　11.2÷4＝2.8　　答え　2.8m
[2]　86×4＋96＝440
　440÷5＝88　　答え　88点
[3]　43.5×3＝130.5　　34×2＝68
　130.5－68＝62.5　　答え　62.5kg

36　単位あたりの量 ①

[1]　462÷42＝11　　答え　11km
[2]　430÷5＝86　　答え　86人
[3]　1650÷3＝550　　答え　550円

37　単位あたりの量 ②

[1]　7.2÷4.5＝1.6　　答え　1.6kg
[2]　460000÷50＝9200　　答え　9200人
[3]　442÷65＝6.8　　答え　6.8kg

38　単位あたりの量 ③

[1]　13×30＝390　　答え　390km
[2]　120×150＝18000　　答え　18000g
[3]　6.9×60＝414　　答え　414g

39　単位あたりの量 ④

[1]　900÷25＝36　　答え　36m^2
[2]　40.5÷9＝4.5　　答え　4.5a
[3]　2000÷80＝25　　答え　25分

40 速さ ①

1 105 ÷ 15 = 7　　答え　秒速 7 m

2 24 ÷ 6 = 4　　答え　分速 4 km

3 36 ÷ 8 = 4.5　　答え　時速4.5km

4 448 ÷ 14 = 32　　答え　時速32km

41 速さ ②

1 32 × 7 = 224　　答え　224m

2 12 × 60 × 4 = 2880　　答え　2880m

3 3 × 60 × 40 = 7200　　答え　7200m

4 8 × 7.5 = 60　　答え　60km

42 速さ ③

1 105 ÷ 7 = 15　　答え　15秒

2 2.5 ÷ 0.2 = 12.5　　答え　12.5分

3 680 ÷ 85 = 8　　答え　8 時間

4 910 ÷ 13 = 70　　答え　70分

43 かんたんな比例 ①

①

石だんのだん数(だん)	1	2	3	4	5	6	7	8
全体の高さ (cm)	12	24	36	48	60	72	84	96

②

くぎの本数 (本)	1	2	3	4	5	6	7	8
全体の重さ (g)	6	12	18	24	30	36	42	48

③

本のさつ数 (さつ)	1	2	3	4	5	6	7	8
全体の高さ (mm)	7	14	21	28	35	42	49	56

44 かんたんな比例 ②

① 50g　② 4 倍　③ 350g

④ 3 倍　⑤ 5 g　⑥ 75g

45 割合とグラフ ①

1 6 ÷ 10 = 0.6　　答え　0.6

2 80 ÷ 100 = 0.8　　答え　80%

3 12 ÷ 50 = 0.24　　答え　2 割 4 分

46 割合とグラフ ②

1 2 × 3 = 6　　答え　6 dL

2 45 × 1.5 = 67.5　　答え　67.5kg

3 126 ÷ 0.7 = 180　　答え　180cm

47 割合とグラフ ③

① 41 ÷ 188 = 0.218…　　答え　0.22, 22%

② 19 ÷ 188 = 0.101…　　答え　0.10, 10%

③

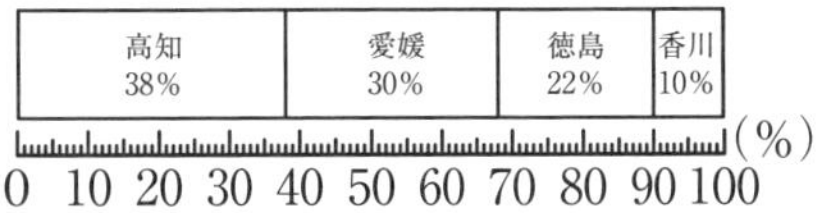

48 割合とグラフ ④

① ㋐ 36　㋑ 25　㋒ 20

㋓ 19　㋔ 100

②

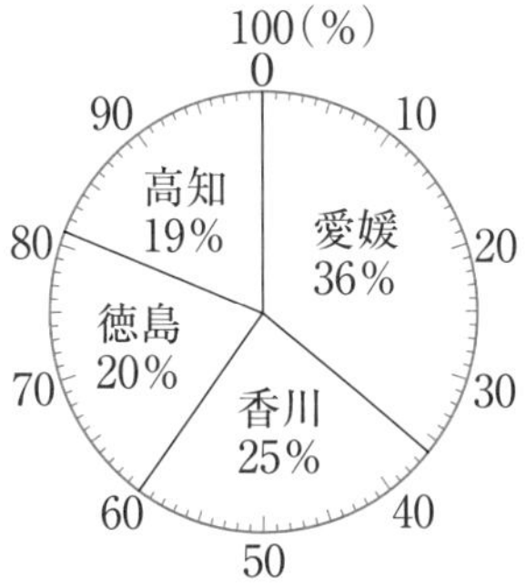

理科

1 天気の変化 ①

1 ① 災害　② 1300

③ 雨量　④ 気温
⑤ 自動的　⑥ 気象衛星
⑦ 雲　⑧ テレビ
⑨ 天気予報

[2] ① 入道雲　② すじ雲
③ うす雲

2 天気の変化 ②

(1) ㋐
(2) ㋑
(3) ㋑
(4) ㋐

3 植物の発芽と成長 ①

(1) ① 子葉　② でんぷん
③ ヨウ素液　④ 茶かっ色
⑤ 青むらさき色　⑥ 変化しない

(2) ① でんぷん　② ジャガイモ
③ コメ　(②，③は順不同)

4 植物の発芽と成長 ②

(1) ① ㋑　② ㋑　③ ㋐
(2) Ⓐ，Ⓒ，Ⓓ
(3) 水分，空気，適度な温度

5 動物のたんじょう ①

① 水中　② 高く　③ 日光
④ 明るく　⑤ 小石　⑥ くみおき
⑦ 水草　⑧ おす　⑨ めす
⑩ 食べ残し　(⑧，⑨は順不同)

6 動物のたんじょう ②

[1] ① ×　② ×　③ ○　④ ○

[2] ① ㋑　② ㋔　③ ㋐
④ ㋒　⑤ ㋓

7 花から実へ

[1] (1) ㋓
(2) ㋒
(3) ㋐

[2] (1) Ⓐ おばな　Ⓑ めばな
(2) ○がつくもの ㋑，㋓
(3) 花粉をつきやすくするため

8 流れる水のはたらき ①

[1] ① ○　② ○　③ ×
④ ○　⑤ ×

[2] (1) ㋐
(2) ㋐
(3) ㋑

9 流れる水のはたらき ②

① V字谷　② 急　③ 大きな
④ ゆるやか　⑤ 丸み　⑥ 小さな
⑦ 平野　⑧ すな　⑨ ねん土
⑩ 中州　(⑧，⑨は順不同)

10 ふりこの運動

[1] ① 同じ　② ㋑　③ ㋐

[2] ㋒

11 もののとけ方 ①

[1] (1) メスシリンダー
(2) 平らな場所
(3) Ⓑ
(4) 47mL

[2] ① ○　② ○　③ ×　④ ×

12 もののとけ方 ②

(1) ㋑
(2) ① ㋐ ろうと台　㋑ ろうと
㋒ ビーカー

② ろ過
③ とけています
④ ミョウバンがさらに出てきます

13 もののとけ方 ③

1 Ⓒ
2 (1) 57g
(2) 18g
(3) 60g

14 電磁石の性質 ①

1 ① 磁石の力　② 動き
③ コイル　④ 強く
2 ① ○　② ×　③ ○
④ ×　⑤ ○　⑥ ×

15 電磁石の性質 ②

1 ① S　② N　③ 向き　④ 逆
2 ㋓

16 電磁石の性質 ③

(1) ○
(2) ○，○
(3) ＋たんし，５Ａ
(4) ○，○
(5) N極・S極（順不同），強くなります

社会

1 日本の国土 ①

(1) ① 経線　② 緯線
(2) ① 北極　② 0　③ 180
④ 東経　⑤ 赤道　⑥ 90
⑦ 北緯

(3) ㋒

2 日本の国土 ②

1 ① 東　② 南西　③ 3000
④ 38万　⑤ 北海道　⑥ 九州
⑦ 四国　⑧ 7000
⑨ １億2000万
⑩ ロシア連邦　（⑤～⑦は順不同）
2 ① ○　② ×　③ ○　④ ○

3 日本の国土 ③

(1) ① Ⓓ　② Ⓒ　③ Ⓐ
④ Ⓑ　⑤ Ⓔ
(2) Ⓐ ㋓　Ⓑ ㋐　Ⓒ ㋔
Ⓓ ㋑　Ⓔ ㋒
(3) 日本の屋根

4 日本の気候

(1) 季節風
(2) ㋑，㋓
(3) ① Ⓔ　② Ⓕ　③ Ⓑ
④ Ⓒ　⑤ Ⓐ　⑥ Ⓓ

5 米づくり ①

(1) １位　新潟県　２位　北海道
３位　秋田県
(2) ㋐ 秋田　㋑ 庄内　㋒ 越後
(3) ① 雄物川　② 最上川
③ 信濃川

6 米づくり ②

(1) ㋐ Ⓑ　㋑ Ⓕ　㋒ Ⓖ　㋓ Ⓒ
(2) ① Ⓐ　② Ⓑ　③ Ⓔ　④ Ⓕ

7 野菜・くだものづくり

1 ① ㋒，ピーマン

② ㋑，キャベツ

2 ① すずしい　② あたたかい
③ 夜　③ 大きい

8 畜産

(1) ① 広い　② すずしい
(2) ① 根釧　② シラス
(3) サツマイモ
(4) ぶた

9 水産業 ①

(1) ① 沿岸　② 沖合
③ 遠洋　④ さいばい
⑤ 養しょく
(2) ㋐ ①，②，③ (順不同)
㋑ ④，⑤ (順不同)

10 水産業 ②

(1) ① 漁師　② 山
③ プランクトン　④ ふ葉土
(2) ① 魚つき林
② 木かげ
③ 土砂
④ 風

11 工業

1 ① ㋑　② ㋔　③ ㋐
④ ㋓　⑤ ㋒

2 Ⓐ 京浜工業地帯
Ⓑ 中京工業地帯
Ⓒ 阪神工業地帯
Ⓓ 関東内陸工業地域(北関東工業地域)
Ⓔ 瀬戸内工業地域
Ⓕ 東海工業地域
Ⓖ 北陸工業地域
㋐ 太平洋ベルト

12 自動車づくり

(1) ① プレス　② ようせつ
③ とそう　④ 組み立て
⑤ 検査
(2) ㋐ ③　㋑ ②
㋒ ①　㋓ ⑤
㋔ ④

13 大工場と中小工場

1 ① 機械化　② 大量
③ 中小　④ 大

2 ②，④

14 運輸と貿易

(1) ○がつくもの ②，④
(2) ○がつくもの ㋒，㋓

15 くらしと情報

(1) ① 商品が売れた日時
② 個数
③ 売れた商品の名前
(2) ㋐ 本部　㋑ 配送センター

16 自然災害

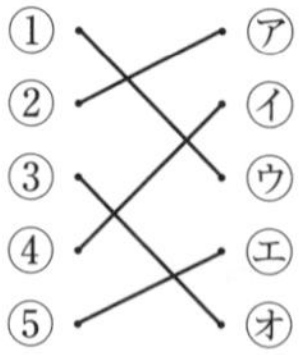

国語

1 漢字の読み ①

① ほけん　② じこ

③ かんせん ④ ゆうこう
⑤ しゅうかん ⑥ きんぞく
⑦ こっきょう ⑧ じょうたい
⑨ せいじ ⑩ せいぞう
⑪ かんしゃ ⑫ へんしゅう
⑬ ぶじゅつ ⑭ ひりょう
⑮ べんご

2 漢字の読み ②

① きじゅん ② こうさく
③ しざい ④ しぼう
⑤ ていじ ⑥ ゆにゅう
⑦ ぼうえき ⑧ れきし
⑨ ひじょう ⑩ しょうたい
⑪ こせい ⑫ こくさい
⑬ ざいだん ⑭ しょうめい
⑮ げんぜい

3 漢字の読み ③

① ふじん ② しょくどう
③ せいせき ④ ぼうふう
⑤ かのう ⑥ はかく
⑦ かくりつ ⑧ ぼうえい
⑨ えいきゅう ⑩ かいてき
⑪ きゅうきゅう ⑫ きゅうち
⑬ きそく ⑭ せいかい
⑮ こうえん

4 漢字の読み ④

① ほうふ ② けいか
③ しょうしょ ④ きょよう
⑤ じょうほう ⑥ きょりゅう
⑦ だんぜつ ⑧ いんしょう
⑨ きしょく ⑩ いどう
⑪ さんせい ⑫ こうぞう
⑬ ちしき ⑭ こうしゃ
⑮ こうかい

5 漢字の読み ⑤

① しゅっちょう ② しゅうり
③ どうぞう ④ ぶんみゃく
⑤ こうざん ⑥ さいし
⑦ しいく ⑧ ふたたび
⑨ まよう ⑩ さくら
⑪ あつい ⑫ にる
⑬ しゅうい ⑭ かす
⑮ まずしい

6 漢字の書き ①

① 原因 ② 営業 ③ 利益
④ 液体 ⑤ 対応 ⑥ 金額
⑦ 眼球 ⑧ 技術 ⑨ 反逆
⑩ 義理 ⑪ 毒殺 ⑫ 制限
⑬ 現在 ⑭ 増刊 ⑮ 禁句

7 漢字の書き ②

① 潔白 ② 複雑 ③ 綿花
④ 織物 ⑤ 設備 ⑥ 支部
⑦ 評判 ⑧ 条件 ⑨ 順序
⑩ 物質 ⑪ 往復 ⑫ 仏像
⑬ 犯罪 ⑭ 運勢 ⑮ 費用

8 漢字の書き ③

① 接続 ② 酸素 ③ 測定
④ 平均 ⑤ 破損 ⑥ 建築
⑦ 程度 ⑧ 貯金 ⑨ 省略
⑩ 領土 ⑪ 仮面 ⑫ 価格
⑬ 運河 ⑭ 検査 ⑮ 圧力

9 漢字の書き ④

① 授業 ② 寄付 ③ 復興
④ 混雑 ⑤ 小枝 ⑥ 災害
⑦ 採用 ⑧ 毛布 ⑨ 責任
⑩ 墓地 ⑪ 職務 ⑫ 夢中

⑬ 余白　⑭ 比率　⑮ 出版

⑩ 漢字の書き ⑤

① 風紀　② 導入　③ 統一
④ 独断　⑤ 広告　⑥ 祖国
⑦ 総合　⑧ 精神　⑨ 業績
⑩ 輸入　⑪ 燃料　⑫ 銅山
⑬ 大型　⑭ 花粉　⑮ 得意

⑪ 漢字のしりとり ①

① 圧勝→勝因→因果→果報
② 応接→接近→近刊→刊行
③ 可能→能弁→弁護→護身
④ 経過→過失→失神→神経
⑤ 教授→授業→業種→種類

⑫ 漢字のしりとり ②

① 仮設→設備→備品→品格
② 演出→出現→現在→在校
③ 炭酸→酸素→素材→材質
④ 絶交→交際→際限→限定
⑤ 鉄鉱→鉱物→物資→資金

⑬ 四字じゅく語 ①

① 全知全能（ぜんちぜんのう）
② 適材適所（てきざいてきしょ）
③ 一挙両得（いっきょりょうとく）
④ 暴飲暴食（ぼういんぼうしょく）
⑤ 自画自賛（じがじさん）
⑥ 再三再四（さいさんさいし）
⑦ 絶体絶命（ぜったいぜつめい）
⑧ 国際連合（こくさいれんごう）

⑭ 四字じゅく語 ②

① 一刀両断（いっとうりょうだん）
② 各駅停車（かくえきていしゃ）
③ 右往左往（うおうさおう）
④ 賞味期限（しょうみきげん）
⑤ 言語道断（ごんごどうだん）
⑥ 血液検査（けつえきけんさ）
⑦ 衛星放送（えいせいほうそう）
⑧ 独立独歩（どくりつどっぽ）

⑮ 四字じゅく語 ③

① 反面教師（はんめんきょうし）
② 修学旅行（しゅうがくりょこう）
③ 天気予報（てんきよほう）
④ 予防接種（よぼうせっしゅ）
⑤ 健康保険（けんこうほけん）
⑥ 天下統一（てんかとういつ）
⑦ 防災訓練（ぼうさいくんれん）
⑧ 液体燃料（えきたいねんりょう）

⑯ 四字じゅく語 ④

① 不在証明（ふざいしょうめい）
② 気象観測（きしょうかんそく）
③ 植物採集（しょくぶつさいしゅう）
④ 予行演習（よこうえんしゅう）
⑤ 講和条約（こうわじょうやく）
⑥ 運転技術（うんてんぎじゅつ）
⑦ 快速電車（かいそくでんしゃ）
⑧ 義務教育（ぎむきょういく）

⑰ じゅく語づくり ①

① 逆　② 永　③ 検　④ 過

⑱ じゅく語づくり ②

① 資　② 独　③ 採　④ 余

⑲ じゅく語づくり ③

① 士　② 略　③ 圧　④ 務

20 じゅく語づくり ④

① 素　② 情　③ 師　④ 識

21 じゅく語づくり ⑤

① 眼　② 演　③ 解　④ 弁

22 じゅく語づくり ⑥

① 評　② 設　③ 制　④ 造

23 送りがな ①

① 移る　② 易しい
③ 過ぎる　④ 確かめる
⑤ 慣れる　⑥ 久しい
⑦ 現れる　⑧ 構える
⑨ 混じる　⑩ 支える

24 送りがな ②

① 示す　② 修める
③ 招く　④ 勢い
⑤ 責める　⑥ 快い
⑦ 述べる　⑧ 導く
⑨ 破る　⑩ 留める

25 慣用句 ①

①－㋑　②－㋒　③－㋐
④－㋔　⑤－㋓　⑥－㋕

26 慣用句 ②

①－㋒　②－㋐　③－㋑
④－㋔　⑤－㋓　⑥－㋕

27 対義語

① 減少　② 最後　③ 利益
④ 当選　⑤ 人工　⑥ 反対
⑦ 輸出　⑧ 失敗

28 類義語

① 用心　② 賛成　③ 案外
④ 首府　⑤ 静養　⑥ 美点
⑦ 返事　⑧ 光景

29 同音異義語

① 意志，医師　② 園芸，演芸
③ 快晴，改正　④ 会長，快調
⑤ 観光，刊行　⑥ 帰省，寄生

30 同訓異字

① 直，治　② 泣，鳴
③ 写，移　④ 治，修
⑤ 暑，熱　⑥ 破，敗

31 敬語 ①

① ㋒　② ㋐　③ ㋑　④ ㋐
⑤ ㋒　⑥ ㋑

32 敬語 ②

① ください　② ごらんになりますか
③ お返しした　④ 言いました

33 名詞 ①

① ㋐　② ㋑　③ ㋒　④ ㋐
⑤ ㋑　⑥ ㋓　⑦ ㋐　⑧ ㋒
⑨ ㋓　⑩ ㋑　⑪ ㋒　⑫ ㋓

34 名詞 ②

① 作り　② 好み　③ 動き
④ 走り　⑤ ゆがみ　⑥ すすぎ
⑦ 速さ　⑧ 青さ　⑨ 大きさ
⑩ 美しさ

35 動詞 ①

① 泣か　② 歩け　③ 聞い
④ 遊ん　⑤ 帰ろ　⑥ 話そ

36 動詞 ②

① とかす　② 出す　③ 流す
④ 消える　⑤ 育つ　⑥ 回る

37 形容詞 ①

① なつかしい　② 赤い
③ 高い　④ すばらしい
⑤ あたたかい　⑥ 美しい、白い

38 形容詞 ②

① はげしく　② 冷たかっ
③ こわくな　④ 暑く
⑤ 赤く　⑥ 高く

39 形容動詞

① 静かだ　② 大切に
③ きれいな　④ のどかだ
⑤ 悲しそうに　⑥ きれいだ

40 副詞

① すっかり　② ゆっくり
③ ドンドン　④ かなり
⑤ しとしと　⑥ とても

41 文の組み立て ①

① 牛は　食べる　② 両親は　来ます
③ 君とぼくが　受けます
④ 花びらが　うかぶ
⑤ きれいだな　菜の花は

42 文の組み立て ②

① 花は　さき　鳥は　さえずる
② 兄は　なり　弟は　なった
③ 風が　ふいて　雨が　ふりだした
④ 妹が　泣き　姉は　なぐさめた
⑤ 学級会が　開かれ　選手が　決まる

43 文の組み立て ③

① ㋐ 母が　㋑ 買ってくれた
㋒ ぼうしは　㋓ 青い
② ㋐ 父が　㋑ 作った
㋒ 曲が　㋓ 流れた
㋔ 会場に

44 文の組み立て ④

① ㋐ 姉は　㋑ 見ていた
㋒ 妹が　㋓ 笑っているのを
② ㋐ 兄は　㋑ 見守った
㋒ 弟が　㋓ 走るようすを

45 接続語 ①

① のに　② し　③ ので
④ ば　⑤ ても

46 接続語 ②

① それで　② しかし　③ そして
④ なぜなら　⑤ それとも

47 和語・漢語・外来語 ①

① ㋑　② ㋒　③ ㋐
④ ㋒　⑤ ㋐　⑥ ㋑
⑦ ㋑　⑧ ㋒　⑨ ㋐
⑩ ㋐　⑪ ㋑　⑫ ㋒

48 和語・漢語・外来語 ②

① ふうしゃ，かざぐるま
② ねんげつ，としつき

③　そうげん，くさはら
④　しきし，いろがみ
⑤　こっきょう，くにざかい
⑥　しじょう，いちば

A 英語

1　あなたの名前は？
[1]　㋑
[2]　例：I'm Takahama Koharu.

2　好きなものを答える
[1]　例：I like dogs.
[2]　解答省略

3　行事
解答省略

4　たん生日を伝えよう！
例：My birthday is August 20th.

5　ほしいものは何？
[1]　解答省略
[2]　① ―― Ⓑ　② ―― Ⓐ

6　学校生活
(1)　解答省略
(2)　① ―― ㋐
　　② ―― ㋑

7　何を食べようかな
[1]　解答省略
[2]　例：I'd like spaghetti.

8　お会計はいくら？
[1]　解答省略
[2]　㋐

9　1日の生活、何してる？
[1]　解答省略
[2]　①　6：00　②　8：00

10　さがしもの
[1]　① ―― Ⓒ　② ―― Ⓑ　③ ―― Ⓐ
[2]
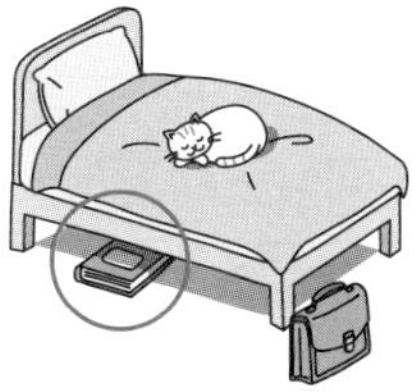

11　どこにあるかな？
[1]　解答省略
[2]

12　できることを伝えよう
[1]　解答省略
[2]　㋐

13　家族や友だちをしょうかいしよう
(1)　解答省略
(2)　①、④

14　行きたい国
例：I want to go to Italy.
例：I want to eat pizza.

達成表《たっせいひょう》

勉強《べんきょう》がおわったページにチェックを入れてね。問題《もんだい》が全部《ぜんぶ》できて、字《じ》もていねいに書《か》けていたら「よくできた」だよ。全部《ぜんぶ》の問題《もんだい》が「よくできた」になるようにがんばろう！

教科《きょうか》	タイトル	学習日《がくしゅうび》	もうすこし	ぜんぶできた	よくできた
算数	1 整数の見方 ①	／			
	2 整数の見方 ②	／			
	3 倍数と約数 ①	／			
	4 倍数と約数 ②	／			
	5 最小公倍数と通分	／			
	6 等しい分数 ①	／			
	7 等しい分数 ②	／			
	8 分数のたし算 ①	／			
	9 分数のたし算 ②	／			
	10 分数のひき算 ①	／			
	11 分数のひき算 ②	／			
	12 小数のかけ算 ①	／			
	13 小数のかけ算 ②	／			
	14 小数のわり算 ①	／			
	15 小数のわり算 ②	／			
	16 小数のわり算 ③	／			
	17 小数のわり算 ④	／			
	18 三角形・四角形の合同 ①	／			
	19 三角形・四角形の合同 ②	／			
	20 多角形の角 ①	／			
	21 多角形の角 ②	／			
	22 正多角形をかく ①	／			
	23 正多角形をかく ②	／			
	24 円周の長さ ①	／			
	25 円周の長さ ②	／			
	26 図形の面積 ①	／			
	27 図形の面積 ②	／			
	28 図形の面積 ③	／			
	29 図形の面積 ④	／			
	30 角柱と円柱 ①	／			
	31 角柱と円柱 ②	／			
	32 体積 ①	／			

教《きょう》科《か》	タイトル	学習《がくしゅう》日《び》	もうすこし	ぜんぶできた	よくできた
算数	33 体積 ②	／			
	34 平均 ①	／			
	35 平均 ②	／			
	36 単位あたりの量 ①	／			
	37 単位あたりの量 ②	／			
	38 単位あたりの量 ③	／			
	39 単位あたりの量 ④	／			
	40 速さ ①	／			
	41 速さ ②	／			
	42 速さ ③	／			
	43 かんたんな比例 ①	／			
	44 かんたんな比例 ②	／			
	45 割合とグラフ ①	／			
	46 割合とグラフ ②	／			
	47 割合とグラフ ③	／			
	48 割合とグラフ ④	／			
理科	1 天気の変化 ①	／			
	2 天気の変化 ②	／			
	3 植物の発芽と成長 ①	／			
	4 植物の発芽と成長 ②	／			
	5 動物のたんじょう ①	／			
	6 動物のたんじょう ②	／			
	7 花から実へ	／			
	8 流れる水のはたらき ①	／			
	9 流れる水のはたらき ②	／			
	10 ふりこの運動	／			
	11 もののとけ方 ①	／			
	12 もののとけ方 ②	／			
	13 もののとけ方 ③	／			
	14 電磁石の性質 ①	／			
	15 電磁石の性質 ②	／			
	16 電磁石の性質 ③	／			

教科《きょうか》	タイトル	学習《がくしゅう》日《び》	もうすこし	ぜんぶできた	よくできた
社会	1 日本の国土 ①	／			
	2 日本の国土 ②	／			
	3 日本の国土 ③	／			
	4 日本の気候	／			
	5 米づくり ①	／			
	6 米づくり ②	／			
	7 野菜・くだものづくり	／			
	8 畜産	／			
	9 水産業 ①	／			
	10 水産業 ②	／			
	11 工業	／			
	12 自動車づくり	／			
	13 大工場と中小工場	／			
	14 運輸と貿易	／			
	15 くらしと情報	／			
	16 自然災害	／			
国語	1 漢字の読み ①	／			
	2 漢字の読み ②	／			
	3 漢字の読み ③	／			
	4 漢字の読み ④	／			
	5 漢字の読み ⑤	／			
	6 漢字の書き ①	／			
	7 漢字の書き ②	／			
	8 漢字の書き ③	／			
	9 漢字の書き ④	／			
	10 漢字の書き ⑤	／			
	11 漢字のしりとり ①	／			
	12 漢字のしりとり ②	／			
	13 四字じゅく語 ①	／			
	14 四字じゅく語 ②	／			
	15 四字じゅく語 ③	／			
	16 四字じゅく語 ④	／			

教科《きょうか》	タイトル	学習日《がくしゅうび》	もうすこし	ぜんぶできた	よくできた
国語	17 じゅく語づくり ①	／			
	18 じゅく語づくり ②	／			
	19 じゅく語づくり ③	／			
	20 じゅく語づくり ④	／			
	21 じゅく語づくり ⑤	／			
	22 じゅく語づくり ⑥	／			
	23 送りがな ①	／			
	24 送りがな ②	／			
	25 慣用句 ①	／			
	26 慣用句 ②	／			
	27 対義語	／			
	28 類義語	／			
	29 同音異義語	／			
	30 同訓異字	／			
	31 敬語 ①	／			
	32 敬語 ②	／			
	33 名詞 ①	／			
	34 名詞 ②	／			
	35 動詞 ①	／			
	36 動詞 ②	／			
	37 形容詞 ①	／			
	38 形容詞 ②	／			
	39 形容動詞	／			
	40 副詞	／			
	41 文の組み立て ①	／			
	42 文の組み立て ②	／			
	43 文の組み立て ③	／			
	44 文の組み立て ④	／			
	45 接続語 ①	／			
	46 接続語 ②	／			
	47 和語・漢語・外来語 ①	／			
	48 和語・漢語・外来語 ②	／			

教科《きょうか》	タイトル	学習日《がくしゅうび》	もうすこし	ぜんぶできた	よくできた
英語	1 あなたの名前は？	／	A	A A	A A A
	2 好きなものを答える	／	A	A A	A A A
	3 行事	／	A	A A	A A A
	4 たん生日を伝えよう！	／	A	A A	A A A
	5 ほしいものは何？	／	A	A A	A A A
	6 学校生活	／	A	A A	A A A
	7 何を食べようかな	／	A	A A	A A A
	8 お会計はいくら？	／	A	A A	A A A
	9 1日の生活、何してる？	／	A	A A	A A A
	10 さがしもの	／	A	A A	A A A
	11 どこにあるかな？	／	A	A A	A A A
	12 できることを伝えよう	／	A	A A	A A A
	13 家族や友だちのしょうかい	／	A	A A	A A A
	14 行きたい国	／	A	A A	A A A